老年人
居家锻炼计划

视频版

［日］日本国家老年医学中心　著

北京协和医院老年医学科　康琳　主译

中国健康传媒集团

中国医药科技出版社

内容提要

老年人户外活动受限、社交活动减少，衰弱随之发生发展，很小的应激便有可能导致健康情况恶化，出现行走困难、跌倒和骨折、认知能力下降、焦虑抑郁等，同时感染各种新发疾病的风险大大增加。北京协和医院老年医学科专家对日本国家老年医学中心发布的"老年人居家锻炼计划"进行了翻译和整理，包括平衡改善套餐、强化套餐、喂养和吞咽锻炼套餐、营养改善套餐、失能预防套餐和认知套餐，每种锻炼套餐都分别列出了相关症状、重要性、注意事项、锻炼示意图等内容，并配以专业康复师录制的指导视频，形象生动，实用性强，能更好地指导老年人加强身体功能的训练，促进健康老龄化。

图书在版编目（CIP）数据

老年人居家锻炼计划：视频版 / 康琳译. —北京：中国医药科技出版社，2021.5（2024.12重印）

ISBN 978-7-5214-2483-6

Ⅰ.①老… Ⅱ.①康… Ⅲ.①老年人—体育锻炼 Ⅳ.① G806

中国版本图书馆 CIP 数据核字（2021）第 082026 号

美术编辑 陈君杞
版式设计 锋尚设计

出版　**中国健康传媒集团** | **中国医药科技出版社**
地址　北京市海淀区文慧园北路甲 22 号
邮编　100082
电话　发行：010-62227427　邮购：010-62236938
网址　www.cmstp.com
规格　880×1230mm　¹/₃₂
印张　6
字数　132 千字
版次　2021 年 5 月第 1 版
印次　2024 年 12 月第 5 次印刷
印刷　北京金康利印刷有限公司
经销　全国各地新华书店
书号　ISBN 978-7-5214-2483-6
定价　35.00 元

获取新书信息、投稿、为图书纠错，请扫码联系我们。

编委会

主　　译　康　琳

译　　者　刘　硕　　金　爽　　路　菲

视频制作　陈丽霞　　李　清　　舒　璇
　　　　　　陈铮威　　宋　健　　郑　艺
　　　　　　史明楠 · 石润林

郭序

　　突如其来的新冠肺炎疫情全球大流行，让世界的绝大多数国家按下了"暂停键"。防控疫情的重要手段之一就是减少外出，甚至是不能外出，要居家隔离，这对人们尤其是老年人的身心健康造成了一定的影响。2020年7月，日本国家老年医学中心（National Center for Geriatrics and Gerontology）发布了一份"老年人居家锻炼计划"。北京协和医院老年医学科在8月份"北京老年健康宣传周"上即进行了广泛推荐，受到了老年朋友们的欢迎。随即他们又结合图文录制了专业示范讲解视频，更加方便了老年人居家锻炼，可以更好地指导老年人维护和促进身心健康。

　　第七次全国人口普查显示：我国60岁及以上人口为26402万人，占18.7%，其中65岁及以上人口为19064万人，占13.5%。人口老龄化程度进一步加深，党和国家高度重视这一重大社会问题，积极为老年人提供各种福祉。而进一步落实这些政策则需要全社会，尤其是专业人士的不懈努力与辛勤劳动。北京协和医院老年医学科团队在此方面一直走在前面。

　　《老年人居家锻炼计划（视频版）》经日本国家老年医学中心Hidenori Arai教授授权，由北京协和医院老年医学科康琳副教授主译，在北京协和医院老年医学科刘晓红教授研究生团队和北京协和医院康复医学科陈丽霞主任、李清老师团队的参与支持下，终于要面世了，值得祝贺，并向他们的辛勤付出致以衷心的谢意！

感谢中国医药科技出版社的大力支持！

感谢为本书做出贡献的同仁们！

感谢日本国家老年医学中心Hidenori Arai教授及其团队！

北京医师协会会长

郭积勇

2021年5月

吴序

　　2015年世界卫生组织（WHO）对健康老化的定义，不再以疾病作为是否健康的评判标准，而是更注重老年人的生活质量和功能状态。随着人口平均预期寿命（Life expectancy）的不断提高，很多增龄性疾病是无法治愈的，对健康预期寿命的追求，身心健康、积极参加社会生活，成为了"健康中国"的重要内容之一。

　　本书译者完整呈现了日本国家老年医学中心（National Center for Geriatrics and Gerontology）2020年新冠肺炎疫情期间发布的"老年人居家锻炼计划"，并从方便老年读者的角度出发，为平衡改善、强化锻炼、吞咽功能、营养改善、失能预防和认知6个锻炼套餐录制了专业教学视频，进行了科学的设计和指导，是一本贴心的老年朋友的枕边书，方便老年人随时进行科学的居家锻炼。

　　希望这本书能真正帮助老年朋友养成健康的运动和生活习惯，助力"健康中国行动"落地千家万户。

北京协和医院副院长

吴文铭

2021年4月

前言

随着全球银发浪潮来袭，健康老化成为医疗界乃至全社会关心的热点。"十三五"期间，我国人均预期寿命从2015年的76.3岁提高到2019年的77.3岁。在"活得长"的同时，如何能"活得好"，保持良好的功能状态和优质的生活品质，是越来越多老年朋友和照护者关心的问题。

2020年7月，日本国家老年医学中心（National Center for Geriatrics and Gerontology）发布了一份老年人居家锻炼的行动计划，采用图文并茂的形式，从平衡改善、强化锻炼、吞咽功能、营养改善、失能预防和认知6个方面进行了科学的设计和指导。北京协和医院老年医学科第一时间将这份家庭锻炼计划翻译成了中文，2020年8月"北京老年健康宣传周"期间在"和年苑"微信公众号上连续发布，受到了读者广泛的欢迎。大家普遍反映这是一份适合老年朋友科学锻炼、图文并茂并且通俗易懂的好材料。但手机上字体和图片较小，不方便老年朋友们阅读，也无法满足老年朋友跟练的需求。为此，我们请专业康复师对照每份锻炼计划精心录制了视频，并附以详细的注意事项和使用指南，以期最大程度满足老年朋友的需求。

在此，特别感谢北京协和医院老年医学科刘晓红教授对本书翻译工作的支持和帮助；感谢北京医师协会许朔副会长对本书正式出版的建议和关心；感谢日本国家老年医学中心Hidenori Arai教授在版权授予和文稿确认阶段给予的大力支持；感谢中国医药科技出版社编辑老师们的精心排版和精美插图绘制。

期待这本《老年人居家锻炼计划（视频版）》能成为老年朋友的枕边书，使更多老年人能够养成科学健康的生活习惯，从细微的日常居家锻炼开始，开启"十四五"健康老龄化的新征程。

北京协和医院老年医学科

康琳

2021年3月

目录

> 平衡改善
> 套餐

" 强化套餐 "

" 喂养和吞咽锻炼套餐 "

**" 营养改善
套餐 "**

❝ 失能预防套餐 ❞

❝ 认知套餐 ❞

引言

老年人户外活动明显受限，因此出现日常生活能力、认知功能和躯体功能下降的老年人数量随之增加，康复等医疗卫生服务的提供也变得更加困难。老年人在社交活动减少的情况下，衰弱随之发生发展，很小的应激便有可能会导致健康情况恶化（图1），出现行走困难、跌倒和骨折、认知能力下降、焦虑抑郁和各种新发疾病的风险增加。为了避免这一系列多米诺骨牌倒下（图2），在家中尽可能进行并保持锻炼是至关重要的。

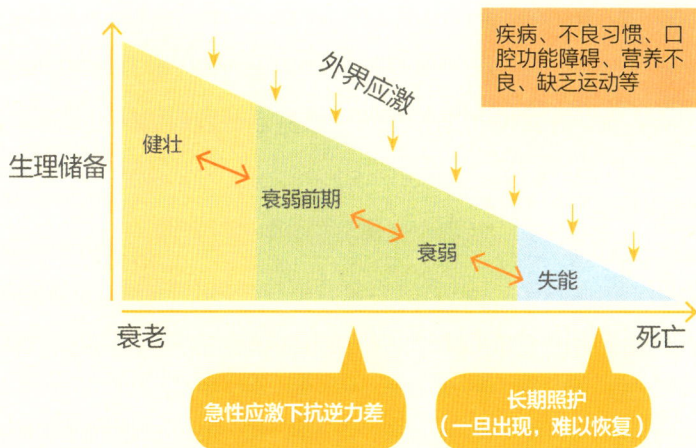

图1

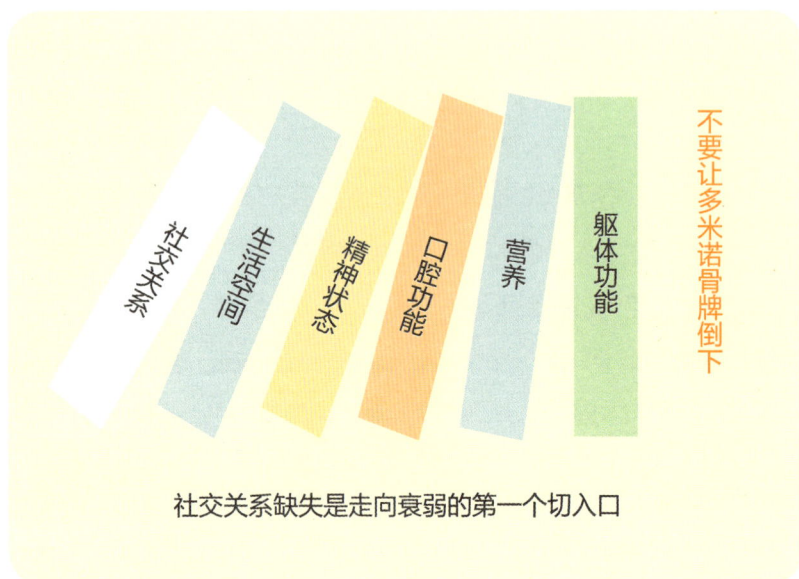

图2

日本国家老年医学中心（National Center for Geriatrics and Gerontology，NCGG）发布了一份家庭活动锻炼指南，即老年人居家锻炼计划（Home Exercise Program for Older People，NCGG-HEPOP）。老年人可以根据个体情况在家中进行锻炼，以期望老年人身心功能不会因此弱化。其中除了详细介绍各种类型的锻炼方式外，还提供了流程图以方便老年人筛查、评估哪种锻炼方式最为合适。

HEPOP 流程图

⌄

最近是否没有机会外出活动？

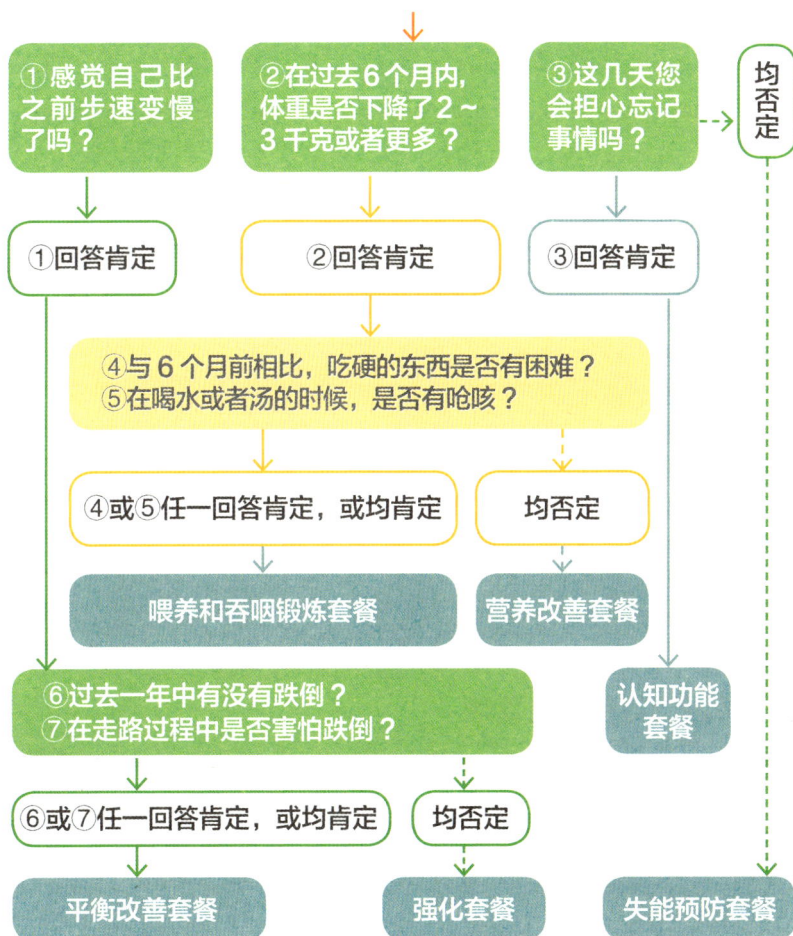

| ①感觉自己比之前步速变慢了吗？ | ②在过去6个月内，体重是否下降了2～3千克或者更多？ | ③这几天您会担心忘记事情吗？ | 均否定 |

①回答肯定　②回答肯定　③回答肯定

④与6个月前相比，吃硬的东西是否有困难？
⑤在喝水或者汤的时候，是否有呛咳？

④或⑤任一回答肯定，或均肯定　　均否定

喂养和吞咽锻炼套餐　　**营养改善套餐**

⑥过去一年中有没有跌倒？
⑦在走路过程中是否害怕跌倒？

⑥或⑦任一回答肯定，或均肯定　　均否定　　　**认知功能套餐**

平衡改善套餐　　**强化套餐**　　**失能预防套餐**

如果您的家人或朋友指出您的记忆力下降，例如，"您一遍又一遍地问同样的问题"，或者如果您跌倒不止一次，请咨询医生。

首先，回答问题①至③，然后按照箭头指示流程，找到适合您的锻炼套餐。在某些情况下，当您对问题①和③的答案都是"肯定"时，可以选择多个锻炼套餐。流程图问题大约一个月筛查一次，或者当您的身体和精神状况发生变化时，即进行筛查，然后选择合适的锻炼方式。如果您有多个锻炼套餐包可以选择，请检查所有套餐内容，可以从您最感兴趣的开始。在开始锻炼之前，请先仔细阅读注意事项和锻炼强度的介绍。

基本预防措施

- 避免去封闭空间、拥挤场所、与人密切接触的环境。
- 尽量不去人群聚集的地方。
- 适当使用外用酒精，外出回家后要漱口和彻底洗手。
- 打开门窗保持家里通风良好。

佩戴口罩的注意事项

- 即使戴着口罩，也要经常喝水，避免中暑和脱水。
- 与没有戴口罩的人尽可能保持2米以上的距离。
- 如果您周围没有人，并能与其他人保持一定的距离，可以不戴口罩，但要随身携带口罩。

锻炼前准备事项

- 测量血压。

- 如果正在服用降压药：血压低于100毫米汞柱或者高于160毫米汞柱，避免剧烈运动。

- 如果没有服用降压药：血压低于80毫米汞柱或高于160毫米汞柱，避免剧烈运动。

- 测量脉搏（静息心率）。

- 如果心率低于每分钟40次或超过90次，避免剧烈运动。

- 如果正在接受心律失常或高血压等心血管疾病治疗，或者有心悸症状，即使心率在正常范围内，在运动前也需咨询医生。

锻炼时注意事项

- 锻炼应保持在合理的强度范围内。

- 抓住扶手或稳固的支撑，注意周围环境，避免跌倒。

- 锻炼时请保持均匀呼吸，不要屏住呼吸。

- 如果感觉不适，比如发热，不要强迫自己，应停下来休息。

- 没有必要完成所有项目，但每天要尽可能多地活动头部和身体。

- 如果出现疼痛、心悸、气短或者任何之前未出现过的症状，应该停止所有运动，并去咨询医生。

如果您有以下任何疾病或症状，请咨询医生，了解您的健康状态及用药情况，再决定是否使用本计划，或者在医生指导下进行其他运动。

有以下情况者需要在锻炼中格外注意

- ▶ 患有心血管疾病（如心力衰竭、心脏病术后）
- ▶ 患有神经和肌肉疾病
- ▶ 手脚麻木和无力（行动困难）
- ▶ 站着时有明显震颤
- ▶ 头晕和眩晕
- ▶ 呼吸急促和支气管哮喘
- ▶ 已接受关节手术（如髋关节、膝关节）
- ▶ 类风湿关节炎导致关节明显畸形
- ▶ 手脚、背部、肩部疼痛
- ▶ 静息时收缩压高于180毫米汞柱或舒张压高于100毫米汞柱
- ▶ 正在服用降压药且静息血压低于80毫米汞柱
- ▶ 医生建议需限制运动者

锻炼强度建议

这是有关锻炼持续时间和频率的指导建议，依据自己的体力和精神状况，推荐选择从"容易"到"有点难"的运动。建议每次锻炼时间不少于20分钟，最多持续1小时。

每个年龄组锻炼时的目标心率

静息心率（次/分）	65~69岁	70~74岁	75~79岁	80~84岁	85~89岁	90岁以上
60	111	109	107	106	104	102
70	116	114	112	111	109	107
80	121	119	117	116	114	112

运动强度对身体的影响可以通过心率来评估，依据上表中每个年龄组锻炼时的目标心率来调整运动持续时间和频率。例如：一位70岁老人，静息心率是60次/分，则锻炼时的目标心率为109次/分。

运动强度用代谢当量（METs）表示，意思是把静息安静状态时消耗的能量值设为1，锻炼时消耗的能量值为METs（也就是锻炼时消耗能量是静息时消耗能量的倍数）。锻炼不仅指特定的运动，还包括日常活动和家务劳动。参照下表算算您每天锻炼和活动的强度。

体力活动简表（2011年）：代谢当量（METs）

METs	日常活动	锻炼项目（体育运动等）
1.8	洗碗—站立	钓鱼—站立
2.0	烹饪或准备食物—站立或坐位	
2.3	促进身体运动的电子游戏、超市购物、清洁、扫地、动作缓慢的轻体力活动	轻体力活动（如平衡练习、瑜伽）、弹钢琴
2.5	喂宠物、给植物浇水、穿脱衣服、起立	木工活、一般轻体力活动
2.8	在平地上缓慢行走（3.2千米/小时）	上肢运动、手臂拉力器
3.0	在平地上正常行走	普拉提、保龄球
3.5	打扫、拖地	散步、中等强度运动
4.0	清扫车库、人行道或房子外面	踢足球、打乒乓球、骑自行车
4.3	无负重的、稍快的平地行走（5.6千米/小时）	循环训练、打高尔夫球
4.5	擦地板	打篮球、投篮、跳舞
5.0	步行、下楼或站立（负重11.3~22.2千克）	抗阻力训练、深蹲
5.8	健步走、慢跑、和孩子玩耍	登山、低到中等难度训练
6.0		游泳
7.0		慢跑

除了运动强度，还可以应用运动单位（Ex）来计算体能活动量。Ex是指METs所用的小时数（小于3METs的活动除外）。比如，在平地步行20分钟=3.0METs×20/60分钟=1.0Ex，骑自行车30分钟=4.0METs×30/60分钟=2.0Ex。我们推荐每周至少进行10~23Ex的体力锻炼以保持健康。尽可能多地进行强度在3METs以上的运动，以保持和促进体能活动量，而在体力和精神状态不是太好的时候可以采取平躺或坐位进行适当的运动。尽量避免卧床或久坐不动，采取任何形式的锻炼都是好的，每天坚持运动对身体健康至关重要。

这份指导手册侧重于锻炼、认知功能和营养改善，并且介绍了各种套餐，以帮助不能外出的老年人安全地在家里锻炼。老年人是易感人群，因此外出活动明显受限，衰弱老人在这种情况下很容易出现功能下降，是需要引起重视的，可以通过改善睡眠、营养和促进功能锻炼，提高老年人身心功能的自我复原能力。此外，在采取保护措施预防感染的情况下，积极参加户外运动可以促进体内维生素D活化，并且对调节生物节律有好处。我们希望大家在日常生活中使用本手册，尽可能保持身心健康，像过去一样继续在社会上发挥积极作用。

"平衡改善套餐"

1　如果感到身体疼痛或压力，请停止锻炼。

2　根据身体状况，在休息时低强度慢慢锻炼。

3　锻炼时不要屏气，要自然呼吸。

4　如果感觉不舒服，请立即休息、停止锻炼。

5　使用稳固的椅子或书桌，不要使用容易移动的物品，如带轮子的椅子。

"平衡改善套餐"包括多种锻炼方式，以帮助您在家中保持躯体功能和改善平衡。我们建议每天锻炼共20～60分钟，可分3次进行。我们为每项运动设定了标准的时间和频率，但您可以根据自身情况进行调整。可以听收音机或者喜欢的音乐来保持动力。

如何使用平衡改善套餐

　　根据当日身体情况选择锻炼类型。身体状态较好时，可以选择积极运动。如果状态欠佳，则不要做太多运动，在尽可能的情况下做一些轻体力活动来保持机体活力状态。运动类型和强度借助颜色标记：伸展（黄色），剧烈活动（蓝色），中度活动（绿色），轻度活动（粉色）。

如果身体状态良好，可以选择 ▶ 伸展 + 剧烈活动 + 中度活动

如果膝盖痛或腰背痛，仍然能够完成适度锻炼，可以选择 ▶ 伸展 + 中度活动 or 轻度活动

如果状态不佳，仍然能够完成轻度活动，可以选择 ▶ 伸展 + 轻度活动

平衡改善套餐
——锻炼一览表

运动强度以粉色→绿色→蓝色顺序进行递增。根据当日身体情况，可将伸展运动（黄色）与其他活动相结合。

序号	伸展	平衡锻炼	肌肉训练	全身运动	仰卧	坐位	站立	锻炼类型
1	●					●		伸展胸背部
2	●					●		伸展大腿后侧
3	●					●		伸展双臂、背部
4	●						●	伸展小腿肌肉
5			●		●			仰卧位踝关节锻炼
6			●		●			仰卧位膝关节锻炼
7			●			●		抬起足尖、足跟
8			●			●		伸膝活动
9			●			●		抬腿提膝运动
10		●	●				●	站立位提足跟
11			●		●			臀桥锻炼
12			●				●	蹲起
13			●	●		●		坐直站立
14			●	●			●	原地踏步
15		●			●			仰卧起坐
16		●			●			直腿抬高
17		●					●	弓步拉伸
18				●●●			●	散步

01 伸展胸背部

要点!

- 双臂向外抬举，感觉胸部抬高。

- 伸展胸部、背部肌肉。

- 深吸一口气，缓慢放松吐气。

20秒

伸展

伸展
部位

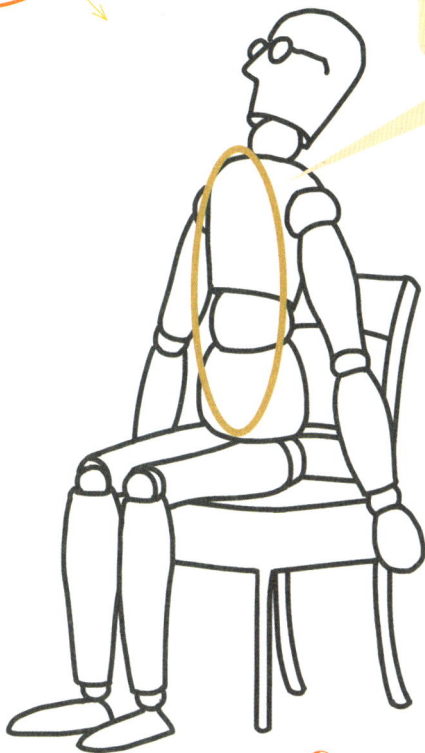

如果您存在肩背部疼痛，
注意活动时不要加重症状。

02 伸展大腿后侧

要点!

- 不要坐得太靠近椅子边缘，以防止跌倒。

- 一侧腿伸展时，身体前倾，感受大腿后侧伸展。

- 深呼吸，不要弓背，没有疼痛感地缓慢拉伸。

伸展

左侧、右侧各伸展
20秒

小心不要从椅子上摔下来！

伸展
部位

如果您存在膝关节或者腰部疼痛，注意活动时不要加重症状。

03 伸展双臂及背部

要点!

- 双手紧握，举过头顶，手掌朝向天花板。

- 轻轻伸展双臂，不弯曲肘部。

- 深呼吸，不要弓背，没有疼痛感地缓慢拉伸。

伸展

伸展
部位

如果您存在手臂或者肩膀
疼痛，注意活动时不要加
重症状。

04 伸展小腿肌肉

要点!

- 抓住桌子、椅子或者扶手保持稳定。

- 把一只脚放在另一只脚前面，慢慢拉伸小腿部肌肉。

- 前脚脚趾指向前方，后脚脚趾稍微内收效果更好。

- 深呼吸，不要弓背，没有疼痛感地进行缓慢拉伸。

伸展

左侧、右侧各伸展
20秒

伸展
部位

前面

如果您存在踝关节或者膝
关节疼痛，注意活动时不
要加重症状。

05 仰卧位
踝关节锻炼

要点! ⋯⋯
- 仰卧，双腿完全伸展。
- 缓慢交替伸展和屈曲脚踝。
- 尽可能活动您的脚踝。

*30~50*次

仰卧位
膝关节锻炼
06

30~50次

要点！ ·····

- 仰卧，交替伸展和弯曲您的双腿。
- 速度越快，锻炼强度越大。

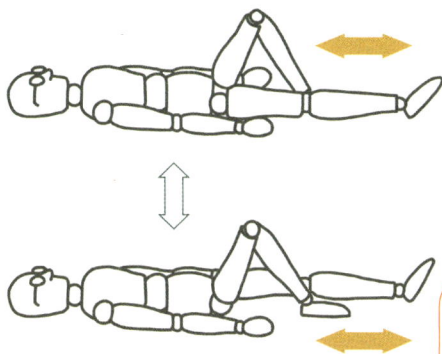

如果您存在背部或膝关节疼痛，注意活动时不要加重症状。

07 抬起足尖和足跟

30~50次

要点! ······
- （1）慢慢抬起和放下足尖。
- （2）慢慢抬起和放下足跟。
- 重复上述2个步骤。

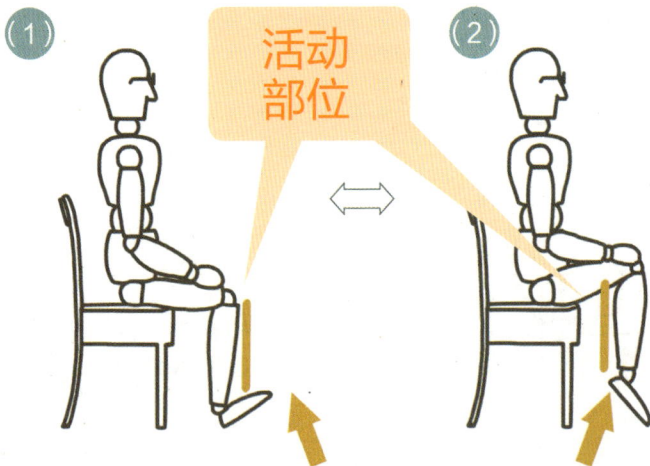

① ② 活动部位

伸膝活动 08

30~50次

要点！

- 坐在椅子上时，慢慢地、没有疼痛感地伸腿。
- 保持膝关节伸直3秒钟，足尖回勾效果更好。

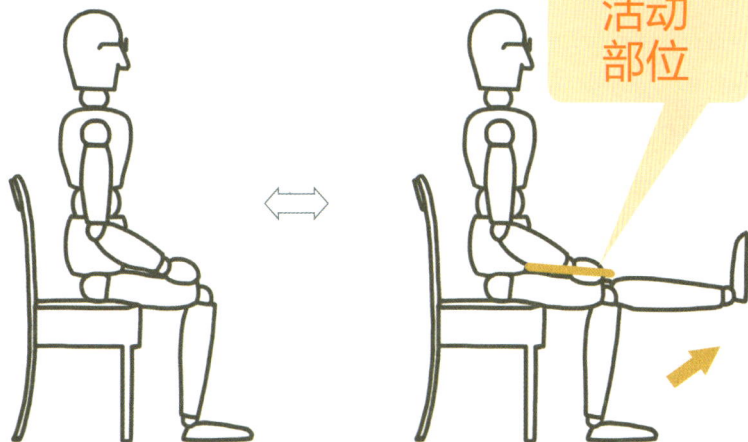

活动
部位

09 抬腿提膝运动

要点!

- （1）抬起一条腿，保持膝盖弯曲，如黄色箭头所示，然后慢慢回到初始位置。

- （2）另一条腿重复相应动作。

轻度

30~50次

活动
部位

① ↔ ②

10 站立位提足跟

要点!

- 扶住桌子、椅子或者扶手以保持稳定。

- （1）站立时双脚分开，与肩同宽，保持站姿稳定。

- （2）提起足跟，再缓慢放下。

轻度

①  ⇔ ②

重点
部位

11 臀桥锻炼

要点!

- （1）仰卧位，双膝弯曲，双脚放在地板上。

- （2）沿黄色箭头方向缓慢抬起臀部，然后慢慢放下。

中度

①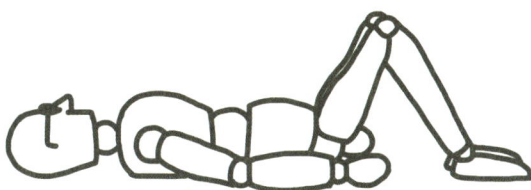

②

重点
部位

如果您存在膝关节或腰背痛，注意活动时不要加重症状。

12 蹲起

要点!

- 扶住桌子、椅子或者扶手以保持稳定。

- （1）沿黄色箭头方向缓慢下蹲，保持3秒钟，然后慢慢回到初始位置。

- （2）站立时双脚与肩同宽，注意臀部不要向后伸。

中度

20~30次

① 侧面

注意不要过度弯曲膝盖，以防止向后跌倒。

确保膝盖不超过脚趾。

重点部位

② 背面

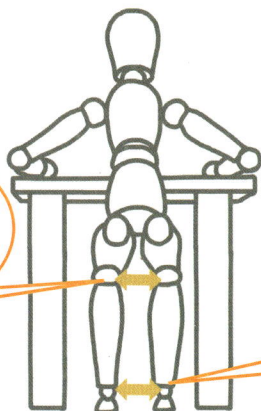

下蹲时，确保膝盖方向指向外侧。

站立时，双脚与肩同宽。

13 坐直站立

要点!

- 慢慢站起、坐下，重点关注大腿部肌肉。

- 站立或坐位时伸展背部，站立和坐下前微微向前倾。

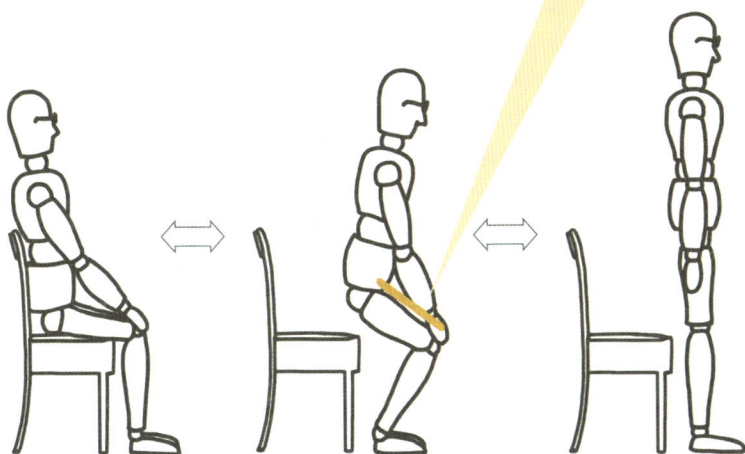

重点
部位

如果您存在膝关节疼痛，可适当升高椅子高度，防止症状加重。

中度

14 原地踏步

要点!

- 轻轻扶住一个稳固的桌子或椅子。

- 挺直腰背，原地踏步，尽可能抬高大腿，锻炼效果会更好。

- 如果您的平衡状态不错，可以尝试摇摆手臂。

- 尝试伴随音乐或歌声有节奏地锻炼。

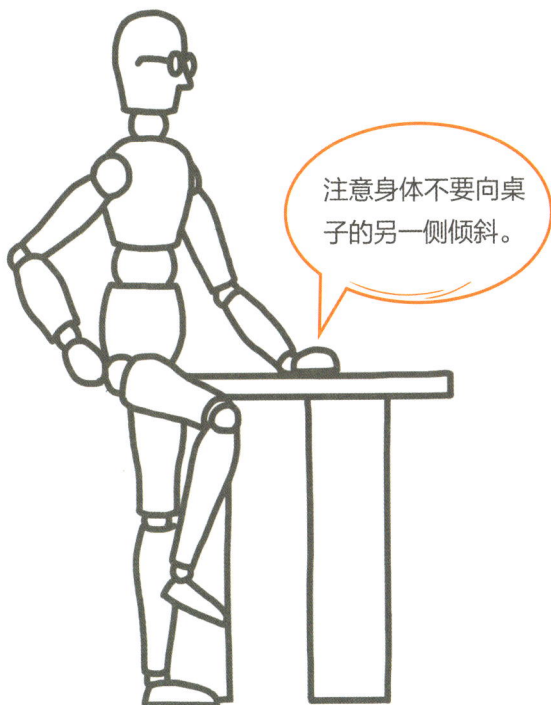

注意身体不要向桌子的另一侧倾斜。

15 仰卧起坐

要点!

- （1）仰卧位，双膝弯曲，双脚着地。抬起头部以看到小腹，双肩稍微离开地面，双臂向前伸展。

- （2）缓慢抬起，再回复仰卧位，不要屏住呼吸。

剧烈

①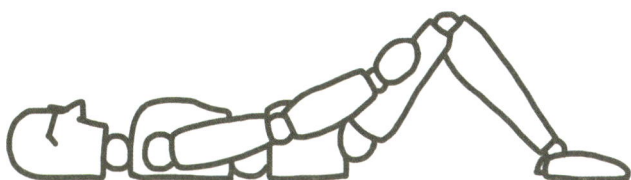

⇕

②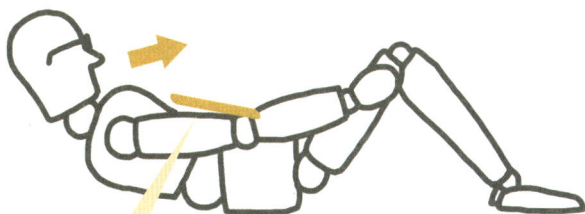

重点
部位

如果您存在颈部、背部或臀部疼痛，注意活动时不要加重症状。

16 直腿抬高

要点!

- （1）仰卧平躺，双腿伸直，收紧腹部，将一条腿抬高至距离地面30厘米，并保持腿部伸直状态。

- （2）脚掌沿黄色箭头方向来回屈伸10次，然后放下腿部，每条腿重复10~20次。

- 如果想做得轻松一点，可以保持一条腿的膝盖弯曲，另一条腿伸直、抬离地面，重复上述动作。

剧烈

①

⬍

②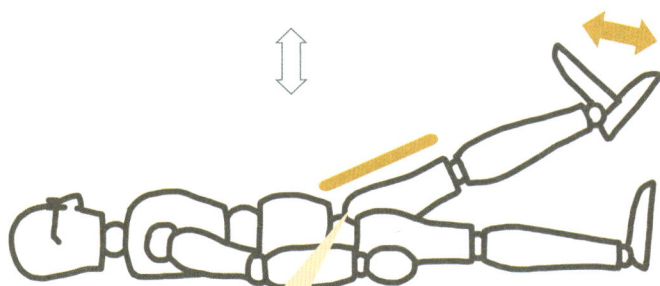

抬高
部位

17 弓步拉伸

要点!

- 扶住一个桌子、椅子或者扶手以保持稳定。

- （1）一只脚放在另一只脚的前面，保持站立。

- （2）身体下蹲，前腿弯曲形成直角，大腿与地面近乎平行。后脚脚跟不要接触地面。确保前膝在脚趾上方，不要越过脚趾。身体下蹲时不要向前倾斜。

剧烈

10~20次

① ②

注意膝盖不要超过脚趾。

重点部位

如果您存在膝关节疼痛，注意活动时不要加重症状。

18 散步

避免在人流密集的地方散步，保持社交距离。

注意事项

戴上口罩。在炎热天气下戴口罩容易中暑，如果与行人有一定安全距离，可以摘下口罩。

- 在阳光充足的情况下，散步20～30分钟。

- 在散步前后及期间，保持身体充足水分。

- 步速以"恰到好处"或者"有点快"为宜。

- 穿舒适的鞋子，鞋底防滑、稳定。

- 如果您想锻炼腿部肌肉，可以加大步伐，小心不要跌倒。

回家后不要忘记洗手和漱口。

如果您存在膝关节或腰背痛，或者害怕跌倒，可以使用辅助工具（拐杖等），以自己的速度安全地散步。

"

强化
套餐

"

1　如果感到身体疼痛或压力，请停止锻炼。

2　根据身体情况，在休息时低强度慢慢锻炼。

3　锻炼时不要屏气，要自然呼吸。

4　如果感觉不舒服，请立即休息，停止锻炼。

5　注意锻炼时不要跌倒，也不要尝试对自己来说太困难的动作。

6　使用稳固的椅子或书桌，不要使用容易移动的物品，如带轮子的椅子。

"强化套餐"包括多种锻炼方式，以帮助您在家中保持躯体功能和增强体力。我们建议每天锻炼共20~60分钟，可分3次进行各种锻炼的组合。我们为每项运动设定了标准的时间和频率，但您可以根据自身情况进行调整。可以听收音机或者喜欢的音乐来保持动力。

强化套餐
——锻炼一览表

序号	伸展	平衡锻炼	肌肉训练	全身运动	仰卧	坐位	站立	
1	●					●		
2	●					●		
3	●					●		
4	●						●	
5			●			●		
6			●				●	
7		●	●			●		
8		●					●	
9		●					●	
10			●	●			●	
11				●			●	
12				●			●	

根据身体情况，结合伸展运动和其他锻炼方式。注意在平衡锻炼时有跌倒的风险。

锻炼类型
伸展胸背部
伸展大腿后侧
伸展双臂、背部
伸展小腿肌肉
抬腿提膝运动
蹲起
核心力量训练——鸟狗式
全足距站立训练
单腿站立
坐直站立
原地踏步
散步

01 伸展胸背部

- 双臂向外抬举，感觉胸部抬高。

要点!

- 拉伸胸部、背部肌肉。

- 深吸一口气，缓慢放松吐气。

20秒

伸展
部位

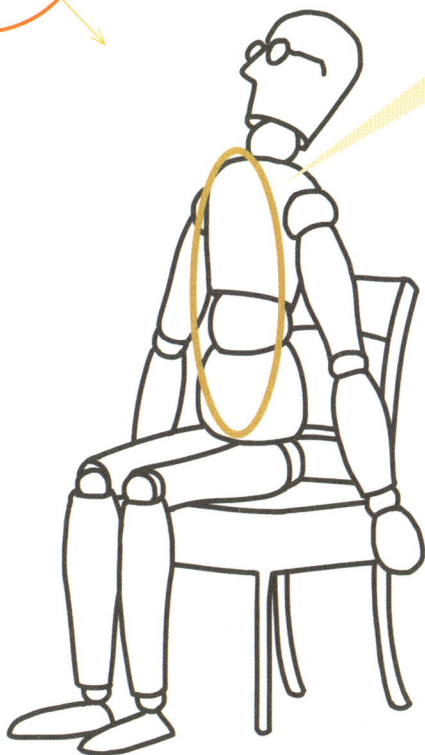

如果您存在肩背部疼痛，
注意活动时不要加重症状。

02 伸展大腿后侧

要点!

- 不要坐得太靠近椅子边缘，以防止跌倒。

- 一侧腿伸展时，身体前倾，感受大腿后侧拉伸。

- 深呼吸，不要弓背，没有疼痛感地缓慢拉伸。

左侧、右侧各伸展

20秒

小心不要从椅子上摔下来！

伸展部位

如果您存在膝关节或腰背疼痛，注意活动时不要加重症状。

03 伸展双臂和背部

- 双手紧握，举过头顶，手掌朝向天花板。

要点！

- 轻轻伸展双臂，不要弯曲肘部。

- 深呼吸，不要弓背，没有疼痛感地缓慢拉伸。

20秒

伸展
部位

如果您存在手臂或者肩关
节疼痛，注意活动时不要
加重症状。

04 伸展小腿肌肉

要点!

- 抓住桌子、椅子或扶手保持稳定。

- 把一只脚放在另一只脚的前面，慢慢拉伸小腿肌肉。

- 前脚脚趾指向前方，后脚脚趾稍微内收锻炼效果更好。

- 深呼吸，不要弓背，没有疼痛感地缓慢拉伸。

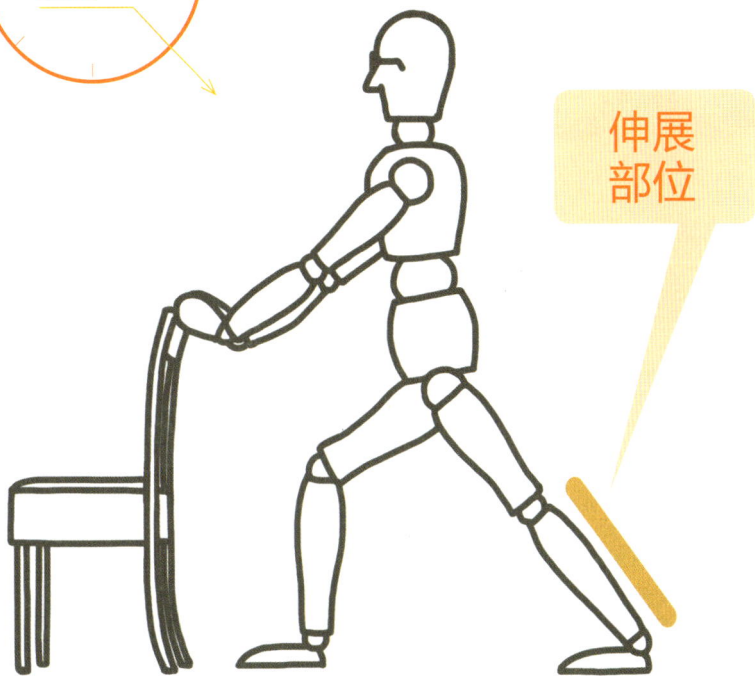

左侧、右侧各伸展
20秒

伸展
部位

前面

如果您存在膝关节或者踝
关节疼痛，注意活动时不
要加重症状。

05 抬腿提膝运动

要点!

• （1）抬起一条腿，保持膝盖弯曲，如黄色箭头所示，然后慢慢回到初始位置。

• （2）另一条腿重复相应动作。

30~50 次

抬起
部位

①  ②

06 蹲起

要点!

- 扶住桌子、椅子或者扶手以保持稳定。

- （1）沿黄色箭头方向缓慢下蹲，保持3秒钟，然后慢慢回到初始位置。

- （2）站立时双脚与肩同宽，注意臀部不要向后伸。

20~30次

① 侧面

注意不要过度弯曲膝盖，以防止向后跌倒。

确保膝盖不要超过脚趾。

重点部位

② 背面

下蹲时，确保膝盖方向指向外侧。

站立时，双脚与肩同宽。

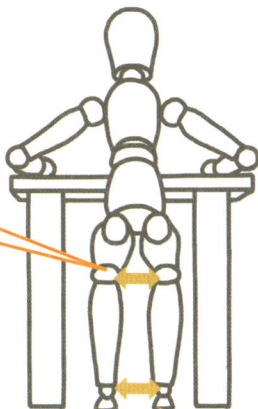

07 核心力量训练 – 鸟狗式

要点!

- （1）双手、双膝、双足着地，放在地板上。

- （2）沿黄色箭头方向慢慢抬起右臂或者右腿，保持3秒钟，左侧进行重复动作。

- （3）当您动作习惯后，可以尝试同时抬起右臂和左腿（或者左臂和右腿），这样的锻炼强度会更大。

左侧、右侧各 **10**秒

注意在左右侧交换进行锻炼时不要跌倒！

如果您存在手腕或肩背部疼痛，请不要做这项运动！

08 全足距站立训练

- 轻轻扶住一张稳固的桌子或椅子。

- 如果您感觉身体失去平衡了，就把力量转移到腿上，靠在桌子或椅子上。

- 站立时，一只脚的脚尖与另一只脚的脚跟对齐。

30~60秒

小心不要
跌倒！

全足距站立
位置

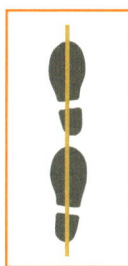

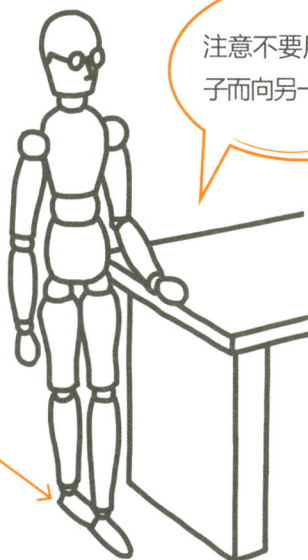

注意不要用手推桌
子而向另一侧倾倒。

要点！

- 保持姿势30～60秒钟，然后交
  换前腿和后腿，重复上述动作。

- 当您习惯并感觉身体稳定后，
  可以尝试把手离开桌子或椅子。

09 单腿站立

- 轻轻扶住一张稳固的桌子或椅子。

- 如果您感觉身体失去平衡了，就把力量转移到腿上，靠在桌子或椅子上。

- 轻轻抬起一只脚，离开地面。

30~60秒

小心不要
跌倒！

脚部用力踩住
地面。

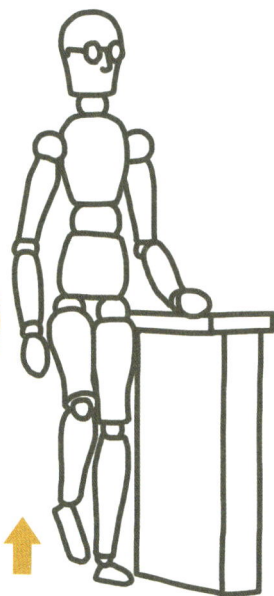

要点!

• 保持30～60秒钟之后，交换另
一侧进行练习。

• 当您习惯并感觉身体稳定后，
可以尝试把手离开桌子或椅子。

10 坐直站立

- 慢慢站起、坐下，重点关注大腿部肌肉。

要点!

- 站立或坐位时挺直背部，站立和坐下前微微向前倾。

30~50次

重点
部位

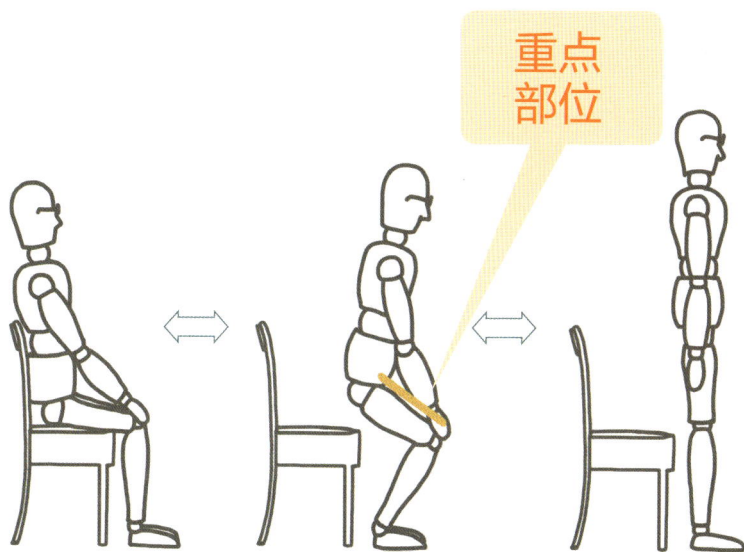

如果您存在膝关节疼痛，可适当升高椅子高度，防止症状加重。

11

原地踏步

要点!

- 轻轻扶住一个稳固的桌子或椅子。

- 挺直腰背，原地踏步，尽可能抬高大腿，锻炼效果会更好。

- 如果您的平衡状态不错，可以尝试摇摆手臂。

- 尝试伴随音乐或者歌声有节奏地锻炼。

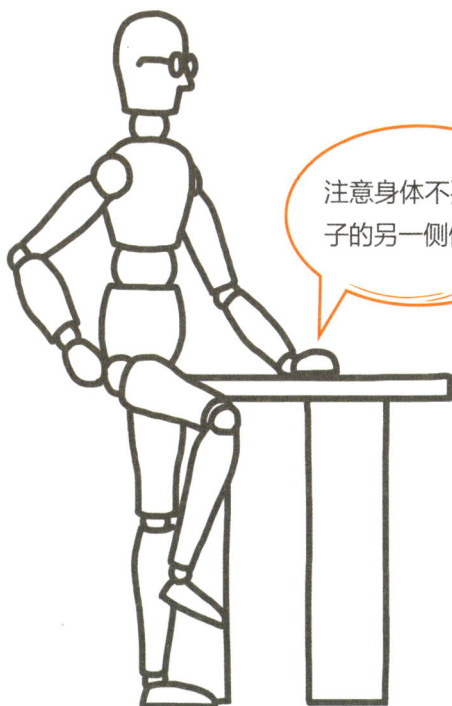

12 散步

避免在人流密集的地方散步，保持社交距离。

戴上口罩。在炎热的天气下戴口罩容易中暑，如果与行人有一定的安全距离，可以摘下口罩。

注意
事项

- 在阳光充足的情况下，散步20～30分钟。

- 在散步前后和期间，保持身体水分充足。

- 步速以"恰到好处"或者"有点快"为宜。

- 穿舒适的鞋子，鞋底防滑、稳定。

- 如果您想锻炼腿部肌肉，可以加大步伐，小心不要跌倒。

回到家后不要忘记洗手和漱口。

如果您存在膝关节或腰背痛，或者害怕跌倒，可以使用辅助工具（拐杖等），以自己的速度安全地散步。

"喂养和吞咽锻炼套餐"

1　如果在饮食、喝茶或喝汤时出现呛咳，或持续低热，请及时就医。

2　进行锻炼时应放松，不应出现疼痛。

3　锻炼时不要屏气，要自然呼吸。

4　如果感到不舒服，请立即休息，停止锻炼。

5　保持口腔卫生，如每天刷牙。

"喂养和吞咽锻炼套餐"提供的知识和训练方法能够帮您维持口腔功能以及进食、吞咽的能力，使您可以在享受美食的同时摄入足够营养，健康长寿。

保持口腔健康和吞咽功能，不仅可以预防吸入性肺炎和营养不良，也可以保持语言能力，让人在谈话中更自信，并丰富面部表情，这些能带来更积极的生活。请仔细阅读指导，并努力保持健康的饮食和吞咽习惯，维护口腔健康。

进食和吞咽功能的重要性

- 进食和吞咽功能受损会导致脱水和营养不良，还会引起严重的并发症，例如误吸和吸入性肺炎，即食物和液体通过呼吸道进入肺部。

- 吸入性肺炎导致的死亡人数逐年增加。即使没有导致死亡，也会发展为衰弱。如果无法经口进食，就会失去饮食的乐趣，这将导致老年人活动减少、兴趣降低。

- 因此，保护进食和吞咽的功能对维持身心健康至关重要。

口腔功能的减退：口腔衰弱

口腔衰弱与衰老相关，包括一系列问题。口腔卫生重视不足以及身心功能的下降会导致进食和吞咽障碍、营养不良、健康状况恶化。据报道，口腔衰弱的人需要长期护理的风险是没有口腔衰弱的人的2.4倍，而死亡风险则是2.1倍。因此，早期预防和护理口腔衰弱十分重要。

如果不对口腔衰弱进行干预会怎样？

- 由于口臭和言语不清，说话能力降低。
- 无法咀嚼或品尝食物，导致食欲不振、营养不良、吞咽障碍和吸入性肺炎的风险增加。

口腔衰弱的示意图

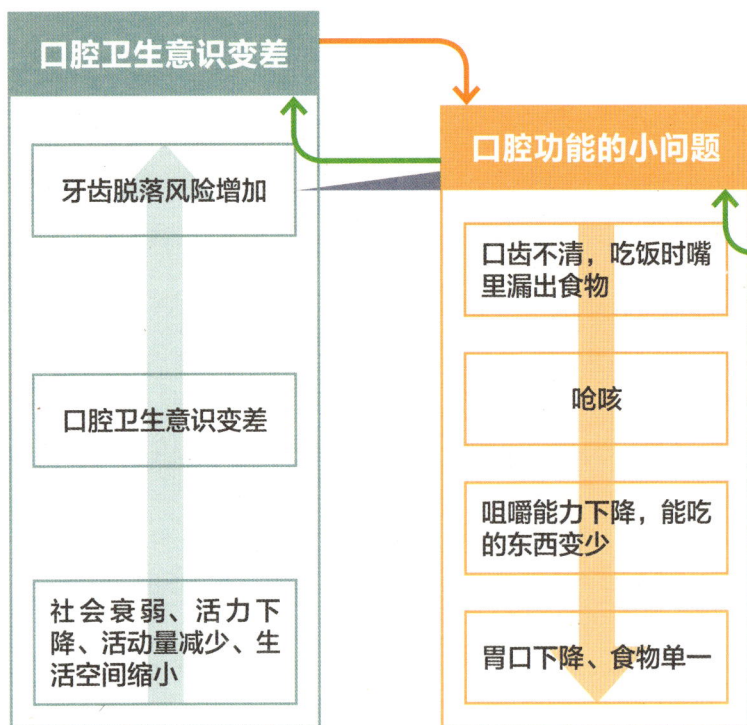

口腔卫生意识变差

- 牙齿脱落风险增加
- 口腔卫生意识变差
- 社会衰弱、活力下降、活动量减少、生活空间缩小

口腔功能的小问题

- 口齿不清，吃饭时嘴里漏出食物
- 呛咳
- 咀嚼能力下降，能吃的东西变少
- 胃口下降、食物单一

生活质量 / 生活功能

老年人由于身体活动减少或生活范围有限，容易失去对口腔健康的兴趣，造成口腔衰弱。未经治疗的口腔问题积累起来，会影响老年人的健康状况，例如肌肉减少或营养状况下降。另外，如果进食和吞咽功能逐渐退化，会导致严重的并发症，例如窒息或吸入性肺炎。

口腔衰弱对衰弱的影响

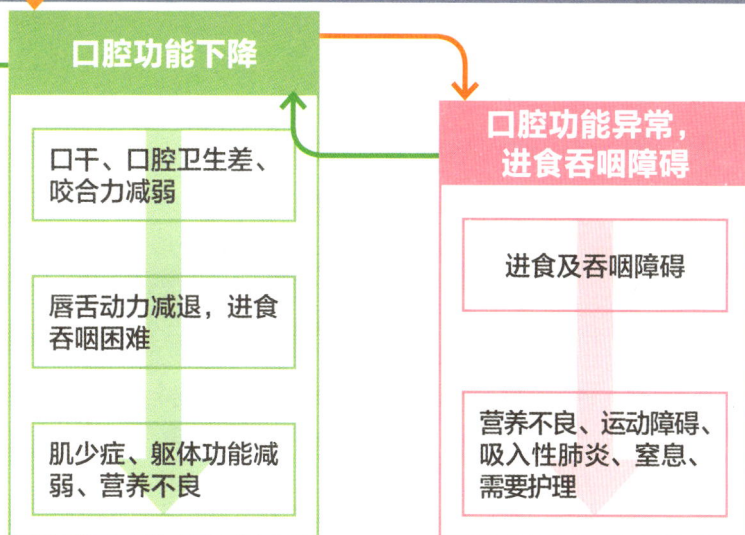

口腔功能下降

- 口干、口腔卫生差、咬合力减弱
- 唇舌动力减退，进食吞咽困难
- 肌少症、躯体功能减弱、营养不良

口腔功能异常，进食吞咽障碍

- 进食及吞咽障碍
- 营养不良、运动障碍、吸入性肺炎、窒息、需要护理

共病 / 多重用药

误吸

误吸是指唾液、食物或饮料等从口咽或胃肠道意外进入喉和下呼吸道（气管到肺的部分）。如果您在喝茶或汤时感到呛咳，则需怀疑存在误吸。

呛咳时发生了什么?

误吸时进入气管的误吸物

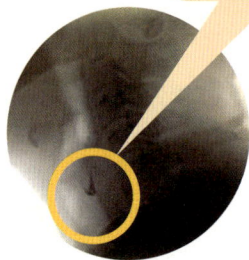

透视下拍摄的液体误吸

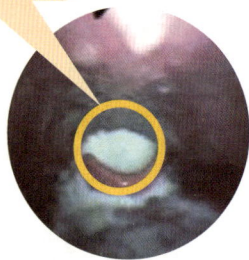

内镜下拍摄的食物误吸

如果发生呛咳，则很可能存在吞咽障碍和误吸。但是，没有呛咳并不意味着误吸不会发生，因为还有隐性误吸的可能。如果出现痰量增加、黄痰、长期发热或体重持续减轻，需要就医。

注：意外吞咽是指吞咽纽扣、电池、玩具等异物，与误吸情况不同。

吞咽障碍的主要症状

症状	如何查问
呛咳	您何时会出现呛咳？哪些食物或液体会引起呛咳？
咳嗽	您会在饭后或夜间咳嗽吗？
咳痰	是否有黄色黏痰，或者痰量越来越多？
咽部感觉	是否感觉喉咙里有东西卡住，或者有喉咙里存有食物的感觉？
口部感觉	吞咽后是否感觉有食物留在嘴里，或是卡在嘴里？
吞咽	进食食物或饮料时会出现吞咽困难吗？
噪音	进食之后嗓音会有异常吗？
胃口	有无胃口减少？有无脱水？
体重	有无体重减轻？减轻的速度如何？
食物内容	是否更爱吃容易咀嚼和吞咽的食物，或是的确存在挑食？
进食速度	进食速度如何？有无超过30分钟？
进食方式	会出现面朝下吞咽吗？有无食物从口中溢出？
疲劳	进食时感到疲劳吗？
口腔	有无牙菌斑或口臭？假牙是否合适？口中有无伤痕？
一般情况	有无反复或持续低热或疲劳？

《《 如有这些症状，及时就医。

吸入性肺炎

误吸会导致细菌和食物、唾液一起经气管进入肺中，造成吸入性肺炎。

吸入性肺炎在老年人和长期住院患者中很常见。治疗时需要应用抗生素，并通过康复训练提高吞咽功能。吸入性肺炎发生后，通常不能再进食与之前类似的饮食了，因此预防至关重要。

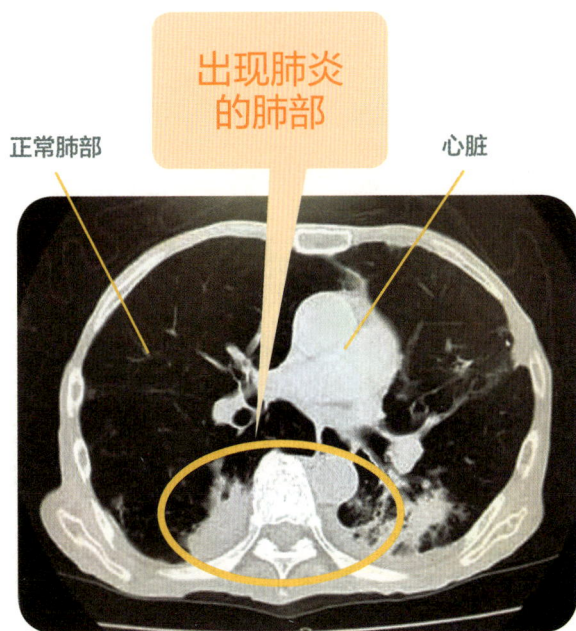

正常肺部　　出现肺炎的肺部　　心脏

吸入性肺炎在胸部CT下的表现

预防口腔衰弱和吞咽障碍

- 口腔环境和健康息息相关，口腔细菌与一些疾病相关，咀嚼功能则与痴呆相关。
- 牙菌斑和舌苔中有大量细菌，是口腔和牙周疾病的危险因素。它们是某些致病菌生长的温床，这些致病菌可能导致吸入性肺炎或脑脓肿等疾病。因此，用牙刷或舌苔刷保持口腔清洁是十分重要的，并应定期对着镜子检查口腔，看看有没有病变。

舌苔是什么？

- 舌苔由食物残渣、细菌以及脱落的黏膜构成。
- 舌苔过厚可导致味觉异常、口臭及吸入性肺炎。
- 薄白苔是正常的。

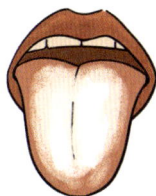

舌苔过厚

舌苔刷很容易买到，请记得定期清洁舌苔。

每天起床后及三餐后刷牙，一共4次。

83

吞咽功能的一般训练动作

　　为了增强吞咽功能，防止误吸，请在进食前做好口部和身体的准备活动。放松面部和颈部肌肉，活动口唇和舌头，以促进唾液分泌。每日三餐前各训练一次。

> 如果有肩颈部疼痛，需注意不要使疼痛加重。

①用鼻子吸气，用嘴缓慢吐气。

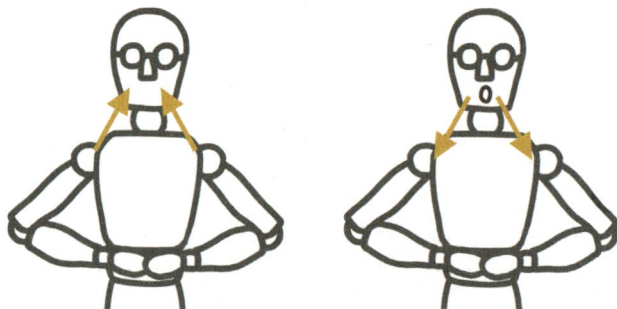

3次

②耸起双肩，然后放松双肩。

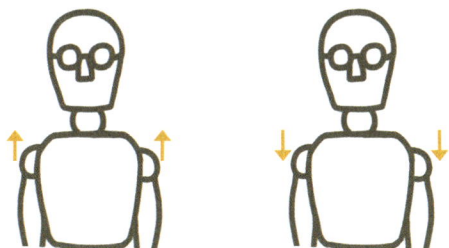

5次

③面朝下左右摇头。

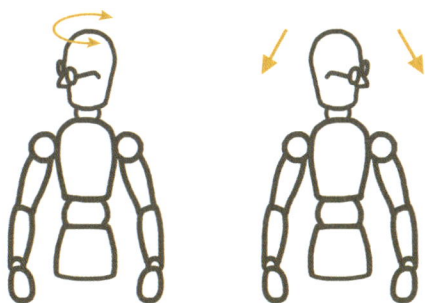

每侧3次

④双手上举，向两侧拉伸。

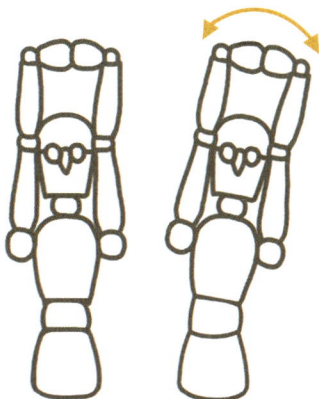

每侧3次

⑤反复鼓腮、放松。

3次

⑥用舌头顶触下唇左右两边。

每侧3次

⑦反复伸舌头。

5次

气球训练

这项训练能够防止食物在吞咽时倒吸至鼻腔，也能增强呼吸功能，防止误吸。

如果没有气球，可以用鼻子吸气，然后用力用嘴吹气，好像要吹灭半米外的蜡烛。

高血压患者请勿进行该训练。

有两种方式，一是缓慢呼气5秒钟，二是快速呼气1秒钟。在运动间穿插进行，分别重复3次。

颈部训练

该动作可以锻炼颈部肌肉，帮助吞咽并防止食物残留在喉部。

将手放在额头上，沿着绿色箭头方向施加轻微阻力，额头沿着红色箭头方向用力下压，看向肚脐方向。

（1）额头用力下压，坚持从1数到5。

（2）松开手，休息5秒钟。

重复3~5次

有高血压或颈部疾病者请勿进行该动作。
如过程中出现颈部疼痛或眩晕，请马上停止。

言语训练

清晰的发音能够增强咀嚼和吞咽功能。清晰快速地说话或大声唱歌都是言语训练。

举例

- 刘奶奶找牛奶奶买牛奶。

- 桃子李子梨子栗子橘子柿子橙子榛子。

- 山里有个寺，山外有个市，弟子三十三，师傅四十四。

- 粉红墙上画凤凰，凤凰画在粉红墙，红凤凰、粉凤凰、红粉凤凰花凤凰。

- 吃葡萄不吐葡萄皮，不吃葡萄倒吐葡萄皮。

- 四是四，十是十，十四是十四，四十是四十。

躯干训练

臀桥练习

① ⇕ ②

举起臀部

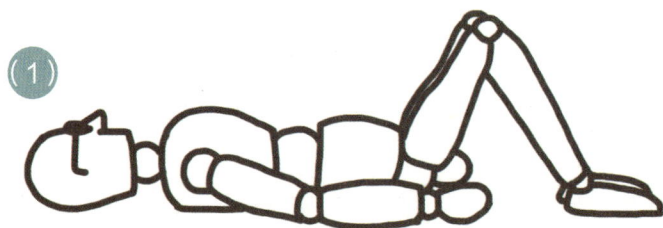

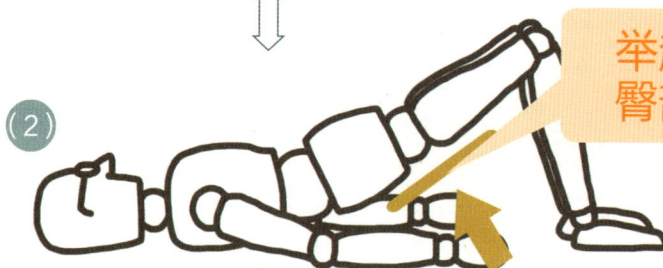

- 仰卧位、双膝弯曲，双脚放在地面/床面上。
- 沿着箭头指示的方向，缓慢抬起臀部，然后慢慢放下。

　　躯干是身体的核心部位，躯干的训练能够使身体在进食时保持正确姿势，并增加咳嗽力量。

＊更多内容参见平衡改善套餐与失能预防套餐。

扭腰练习

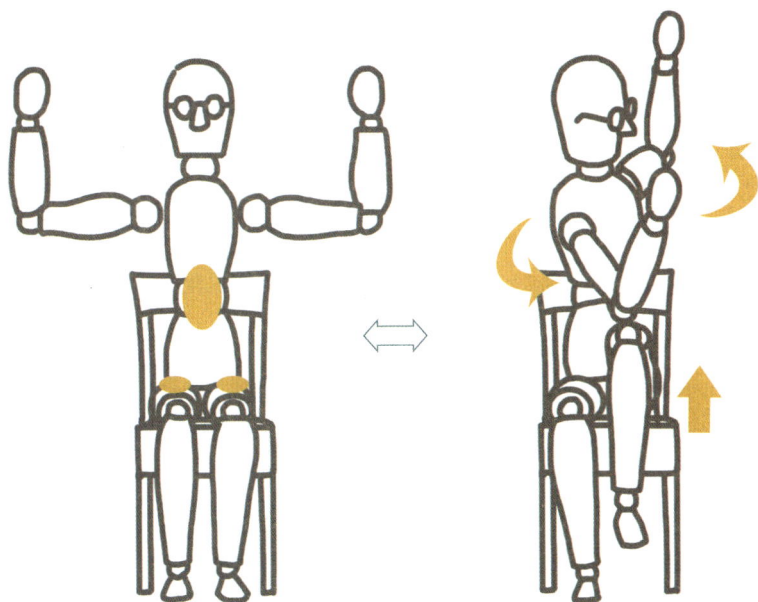

- 抬起左侧膝盖，扭腰向左，用右侧肘部触碰左侧膝盖。
- 换另一侧。

使用食物增稠剂

如果在喝水时呛咳，可以应用增稠剂有效预防误吸。

增稠剂的浓度

- 像沙拉酱
- 像肉汁
- 像番茄酱

* 稠度取决于增稠剂的种类和液体的性状。一般从0.5%的浓度开始（即在100毫升液体中加入0.5克增稠剂）。关于稠度的选择，可以咨询医师，也可以参考增稠剂的说明书。

如何应用增稠剂

- 每次加入少量增稠剂，用勺子快速搅拌。

* 如果用土豆淀粉作为增稠剂，需要将液体煮沸。加入增稠剂后，液体可以在室温下保存数小时，在冰箱里保存大约一天。但是一旦与口部接触，细菌就会繁殖，因此喝过的液体不能储存太久。液体的浓稠度随着保存时间延长会增加。汤也可以应用该方法增稠。

防止误吸和窒息的烹饪方法

当吃大块的食物时，应该切成小块，每口吃少量，咽下前充分咀嚼。

饮用液体时，增稠剂可以增加安全性。但如果仍发生严重的呛咳，就应该避免食用以下食物。

容易导致误吸和窒息的食物

- 黏性太强的食物：米糕、水饺、点心等。
- 太干的食物：面包、蛋糕、白煮蛋、蒸红薯、烤鱼等。
- 容易挂在喉咙上的食物：海藻等。
- 汁水太多的果蔬：橘子、葡萄、西瓜、甜瓜、番茄等。
- 液体：水、茶、汤、牛奶、汤太多的菜等。
- 太酸的食物：含醋的食物、柑橘类水果等。
- 硬脆的食物：蘑菇、魔芋、鱼饼、酱菜等。

如何处理食物

- 将食物煮烂。
- 肉和蔬菜要逆着纤维的方向切。
- 与容易下咽的食物一起吃，如豆腐和酸奶。

"营养改善套餐"

1　摄取充足的蛋白质，这是肌肉必需的成分。

2　运动可以帮助改善食欲。当饱食后，可以参考"平衡改善套餐""强化套餐""失能预防套餐"进行锻炼。

3　尽可能没有压力地自己准备和烹调食物。

"营养改善套餐"包含了营养不良的概念、改善营养的食物膳食成分以及保持机体健康的膳食计划。充足的营养、适当的锻炼和睡眠可以保持身体健康、提高免疫力。重要的是要保障每天都摄取充分的营养，并使之成为一种习惯。一天三次均衡膳食，保障机体健康，才能保持身心活跃。

健康长寿的3个因素

身体

- 行动不便
- 活动量减少
- 体能下降

心理

- 认知能力下降
- 抑郁状态
- 压力应对能力下降

- 做饭很麻烦。
- 很难想到不同的饭菜去烹饪。
- 睡眠时间太多，一天只吃两餐。

衰弱

健康长寿由身体、心理、社会3个方面决定，任一方面出现损伤后都会造成衰弱。这3个方面也会影响饮食行为和营养状态，反之亦然。

- 因腿疼，无法进行烹饪。
- 因购物袋太重，而无法购买充足的食物。
- 无法步行去购物中心。

- 耐力不足
- 平衡能力不足
- 感觉障碍

社会

- 互动减少
- 社会支持减少
- 参与感下降
- 经济困难
- 孤独感

- 因为无法坐车，而不能外出购物。
- 独居打乱了饮食习惯。
- 低水平养老金难以支付购买丰富的食材。

衰弱和营养不良的3个影响因素

饮食行为和衰弱的关系

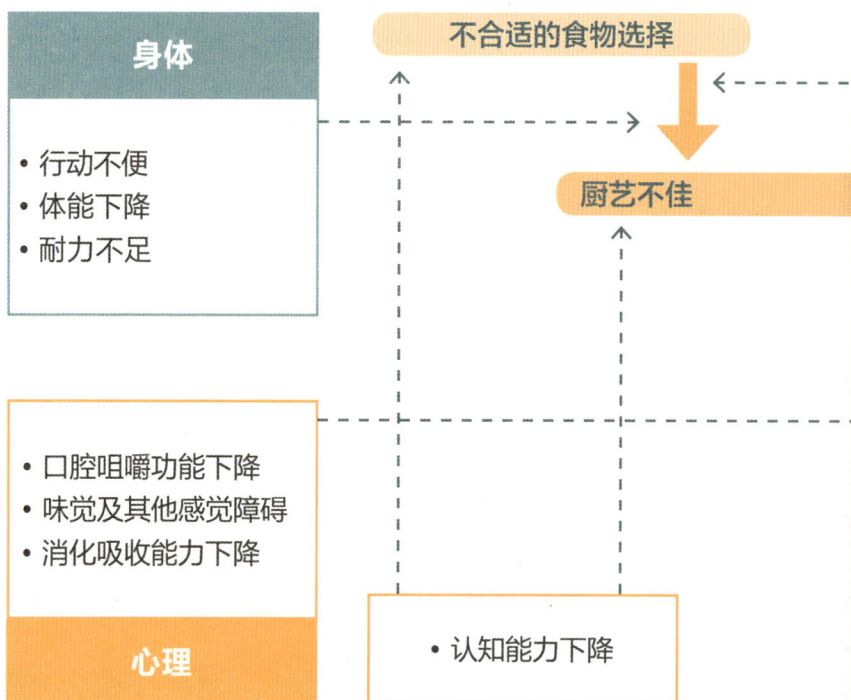

身体
• 行动不便 • 体能下降 • 耐力不足

不合适的食物选择

厨艺不佳

• 口腔咀嚼功能下降 • 味觉及其他感觉障碍 • 消化吸收能力下降
心理

• 认知能力下降

如果您长期呆在家中不出门，身体和认知功能会继续下降，您就会发现购物和烹饪都变得很困难。最终，您只会吃家里储存的食物，或者吃得越来越少，最终出现营养不良。

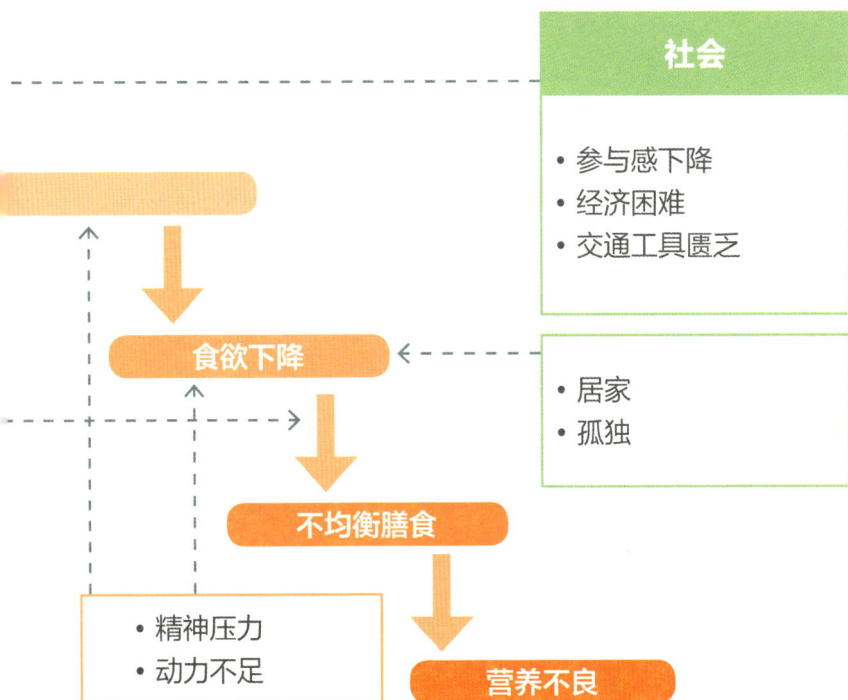

社会

- 参与感下降
- 经济困难
- 交通工具匮乏

食欲下降

- 居家
- 孤独

不均衡膳食

- 精神压力
- 动力不足

营养不良

体重管理的重要性

能量摄入、能量消耗、体重变化

体重下降 → 摄入 < 消耗

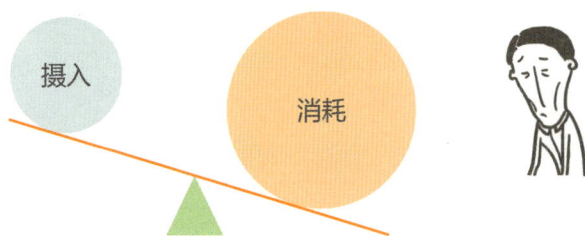

摄入

消耗

体重增加 → 摄入 > 消耗

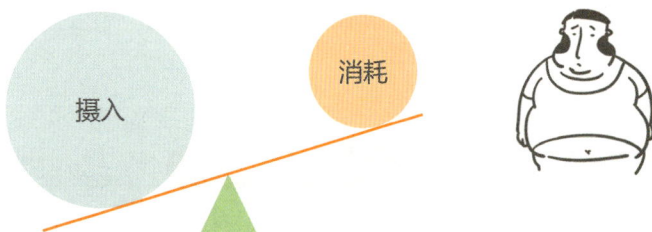

消耗

摄入

衰弱往往与营养不良和重度肥胖伴随出现。

能量摄入与消耗之间的平衡依据体重指数（BMI）评估

$$BMI = 体重（千克）\div 身高的平方（米^2）$$

65岁以上老年人BMI目标21.5～24.9

BMI <21.5　　→　营养不良高风险

BMI =25～30 →　向医生咨询，您是否需要控制饮食

BMI >30　　　→　原则上您需要减肥，但需向医生咨询

能量摄入需求评估

推荐摄入量＝①基础代谢率×②体力活动水平

①基础代谢率是指休息时的代谢水平，比如清晨在空腹、安静舒适状态下。标准体重是指同一年龄阶段水平下的平均体重。

基础代谢率＝基础代谢参考值[千卡/（千克体重·天）]×标准体重（千克）

		基础代谢参考值 [千卡/（千克 体重·天）]	标准体重 （千克）	基础代谢率 （千卡/天）
男性	65～74岁	21.6	65.0	1400
	75岁及以上	21.5	59.6	1280
女性	65～74岁	20.7	52.1	1080
	75岁及以上	20.7	48.8	1010

②体力活动水平

水平1：大多数处于静止状态，常常是静坐不动。

水平2：主要是静坐不动，但包括短距离步行或者站立活动，也包括上下班通勤、购物、做家务和轻体力活动。

水平3：包含大量运动，经常站立活动，或者在闲暇时间积极锻炼，比如参加体育活动。

体力活动水平	水平1	水平2	水平3
65~74岁	1.45	1.70	1.95
75岁及以上	1.40	1.65	—

让我们一起评估能量推荐摄入量！
推荐摄入量＝①基础代谢率×②体力活动水平
举例：一位70岁女性，除了做家务以外，大部分时间在家看电视。
推荐摄入量＝1080（千卡）×1.70＝1836（千卡）

预防衰弱、保持健康的营养要点

- 保持一天三顿饭，不要少吃或落下一顿饭。

- 每天至少摄入1.0克/千克体重的蛋白质（比如体重60千克，摄入蛋白质至少60克/天），并平均分配到三餐中。

- 需要均衡膳食，不仅仅以蛋白质为主，还要包括其他营养成分。

- 运动后1小时内进食蛋白质会促进肌肉合成。

- 当您进行锻炼时，锻炼消耗的能量要额外加入到推荐摄入量中去。

能量消耗（千卡）=锻炼强度（METs）×锻炼时间（小时）×体重（千克）

锻炼强度（METs）可参考第8页表格。

改善营养膳食平衡（主食、主菜、配菜）

日式饮食"一汤三菜"由来已久，是一种营养均衡的膳食模式。但是，盐的摄入水平往往超标，所以尽可能限制每天一份汤。

主菜

肉、鱼、豆腐、蛋

配菜

蔬菜、海藻、蘑菇

主食

米饭、面条、面包

水果

乳制品

建议一日三餐包含主食、主菜、配菜，1~2杯牛奶，一份水果（拳头大小），以保持营养均衡。

主食（谷物）×1道/餐

主要营养素：碳水化合物

作用：能量供应

按能量所需计算主食摄入量（每餐）

能量所需（千卡）	蒸米饭（克）	面包（克）
1400	130	80
1600	150	90
1800	180	110
2000	200	120
2200	230	140
2400	250	150

建议每天约一半的能量来自于谷物类主食（富含碳水化合物的食物）。

主菜（肉、蛋、鱼、豆类）× 1道/餐

主要营养素：蛋白质，脂肪

作用：维持和增强骨骼肌

熟豆腐
80克（6克）

生豆腐
100克（5克）

1包纳豆
35克（6克）

半块炸豆腐
240克（18克）

1颗鸡蛋
（6克）

白鱼
60克（12克）

油性鱼类（如鲭鱼）
60克（12克）

油性鱼类的瘦肉
（如金枪鱼、旗鱼）
60克（18克）

鸡肉
60克（12克）

牛肉
60克（12克）

猪肉
60克（12克）

括号中为食物所含蛋白质的质量。

- 每天建议摄入量为≥1.0克/千克体重（比如60千克体重，每天至少摄入60克蛋白质）
  理想状态下，将每天摄入量平均分配到三餐中（比如每日所需60克，分配至每餐20克）

配菜（蔬菜、蘑菇、海带）× 2 道 / 餐

主要营养素：维生素、矿物质、膳食纤维

作用：构成人体组分

- 标准摄入量约每天3份（350克），一份即双手捧住可以容纳的量。
- 当烹饪时，蔬菜体积会减半。
- 理想的比例是1份黄绿色蔬菜：2份浅色蔬菜。

1份黄绿色蔬菜*
（荠菜、菠菜、胡萝卜、
番茄等）

2份浅色蔬菜
（白菜、卷心菜、生菜、洋葱、
茄子、萝卜、黄瓜等）

*富含β-胡萝卜素的蔬菜

维生素的重要性

- **维生素C**可以促进铁的吸收和胶原蛋白的合成。
- **维生素D**促进钙的吸收，强化骨骼。晒太阳有利于维生素D活化。双手背可以在阳光下暴露15分钟，或者在阴凉处暴露30分钟。
- **维生素E**具有稳定细胞膜、抗氧化作用。
- **叶酸**参与红细胞扩散和蛋白质合成。

- 富含维生素C的食物：辣椒、酸橙、芹菜、绿茶、海藻等。

- 富含维生素D的食物：鲑鱼、秋刀鱼、沙丁鱼、蘑菇等。

- 富含维生素E的食物：糙米、鳗鱼、金枪鱼、坚果等。

- 富含叶酸的食物：桑葚、芹菜、西兰花、菠菜等。

当没有食欲或者进食量不足时怎么办

如果您进食量不足或者进食困难，难以满足日常能量所需时，我们建议使用口服营养制剂。

有些营养制剂是非处方的，有些则需要医生开具处方。在开始服用任何补充剂之前，请咨询医生。

购买非处方营养制剂时需要考虑：
- 能量至少180千卡
- 含有蛋白质的补充剂（最好含有10克蛋白质）

营养奶昔

果冻饮料

需注意，有的制剂即使能量超过了180千卡，也有可能不含蛋白质。

当外出或者购物减少时怎么办

当外出活动或者购物频率减少时，食欲往往会下降，选择食物的倾向也会出现偏差。尽量购买易储藏的食物或者冷冻食品，以防止营养摄入不均衡。

	主菜	配菜
主要营养成分	蛋白质	维生素、矿物质、膳食纤维
主要食物来源	肉、鱼、蛋、大豆	蔬菜、蘑菇、海带
易储藏的食物	·灌装鱼或肉制品 ·煮熟的大豆 ·干豆腐、豆浆 ·乳制品等	·干海带、蘑菇和蔬菜 ·罐装蔬菜等
如何冷冻保存	·用保鲜膜包好鱼、肉，放进冷冻室中保存 ·冷冻前切成片状，更容易保存	·把蘑菇切好，放入冷冻室中保存 ·叶类蔬菜可以煮熟、沥干水后冷冻 ·根茎类蔬菜可以剥皮切块后冷冻保存

注意不要在罐装或加工食品中加入过多的盐。可以将罐装食品中的液体沥干，在烹饪时再适当加入调味品。

"失能预防套餐"

1 如果感到身体疼痛或压力，请停止锻炼。

2 根据身体状况，在休息时低强度慢慢锻炼。

3 锻炼时不要屏气，要自然呼吸。

4 如果感觉不舒服，请立即休息，停止锻炼。

5 使用稳固的椅子或书桌，不要使用容易移动的物品，如带轮子的椅子。

"失能预防套餐"包括多种锻炼方式，以帮助您在家中保持躯体功能和维护健康。我们建议每天锻炼共40~60分钟，可分3次进行各种锻炼的组合。我们为每项运动设定了标准时间和频率，但您可以根据自身情况进行调整。为了养成锻炼习惯，我们建议每天固定同一时间进行锻炼。可以听收音机或喜欢的音乐来保持动力。根据图示中上方的文字，可以了解每个项目对应训练的肌肉部位。

失能预防套餐

——锻炼一览表

序号	伸展	平衡锻炼	肌肉训练	全身运动	仰卧	坐位	站立	
1	●					●		
2	●					●		
3			●	●		●	●	
4			●			●		
5			●			●		
6			●			●		
7	●						●	
8			●				●	
9			●				●	
10			●	●			●	
11			●				●	
12		●	●				●	
13	●						●	
14			●				●	
15			●	●			●	

根据身体情况，可以结合伸展运动和其他锻炼方式。注意在锻炼时有跌倒的风险。

锻炼类型
伸展大腿和小腿
伸展股四头肌和前髋
肩关节锻炼
转体运动
伸膝练习
抬腿提膝运动
拉伸小腿肌肉
屈膝训练
侧抬腿训练
站立抬脚跟
后抬腿训练
脚划圈训练
全身伸展
蹲起
猴子式走路

01 伸展大腿和小腿

步骤

1 坐向椅子的边缘，但小心不要摔下来。

2 一条腿伸直，身体前倾，感受大腿后侧拉伸。

3 保持胸部打开，上半身向前倾斜。

4 另一侧腿重复上述动作。

30 秒

大腿肌肉及小腿三头肌

小心不要从椅子上摔下来！

脚趾指向天花板

如果可能的话，尽量不要弯曲伸直的腿的膝盖！

如果您存在腰背部、膝关节疼痛，注意活动时不要加重症状。

02 伸展股四头肌和前髋

步骤

1 横向坐在椅子上，双腿与椅背保持平行。

2 把前腿的脚放在地板上。

3 把胸部打开，向前推挤臀部，拉伸后侧大腿。

4 另一侧腿重复上述动作。

股四头肌和髋屈肌

30秒

如果您做过髋部手术，请不要做这个动作。

扶住椅背，小心不要从椅子上摔下来。

把手放在臀部，并向前推

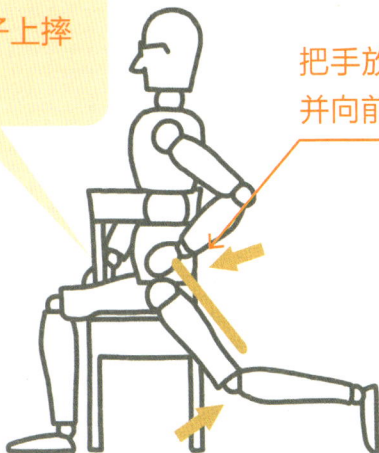

如果您存在腰背部、膝关节疼痛，注意活动时不要加重症状。

03 肩关节锻炼

步骤

1. 打开胸部、双肩，将肘部抬至与肩同高，指尖朝向上方。
2. 保持双肩、双上臂不动，将双手转向下方，指尖朝向地面。
3. 缓慢重复上述动作。

肩背部肌肉

10次/轮
3~5轮/天

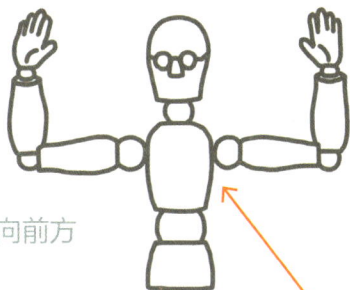

① 手掌朝向前方

打开胸部

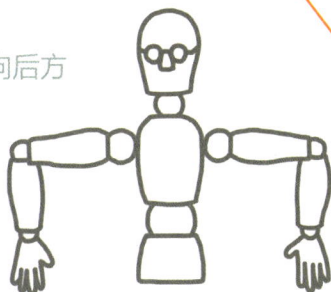

② 手掌朝向后方

如果您存在肩关节、上臂
或肘部疼痛，注意活动时
不要加重症状。

04 转体运动

步骤

1. 打开胸部和双肩，将肘部抬至与肩同高，指尖朝向上方。

2. 抬起左手，转动身体，使右肘和左膝相接触。

3. 另一侧重复相应动作。

10次/轮
3~5轮/天

腹部肌肉和髋屈肌

尽可能抬高膝部，
保持坐姿直立，髋
部不弯曲

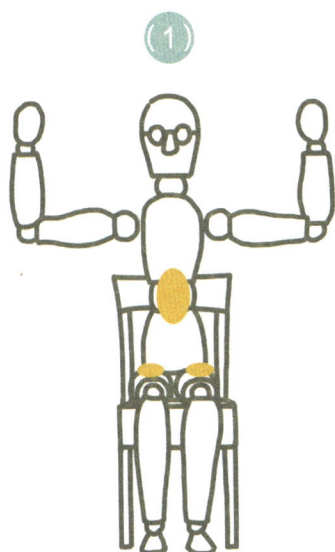

①

②

如果您存在背部或膝关节
疼痛，注意活动时不要加
重症状。

05 伸膝练习

小心不要从椅子上摔下来！

50次/轮
3轮/天

活动脚部并尝试保持腿部伸直

步骤

1 坐在椅子的边缘。

2 缓慢、没有疼痛感地伸展一条腿。

3 缓慢回到初始位置。

4 另一侧重复上述动作。

124

抬腿提膝运动 06

50次/轮
3轮/天

尽量保持坐姿直立，
不要弯曲后背。

脚趾勾向上方
锻炼效果更好。

步骤

1 坐在椅子上，单膝抬起，保持弯曲，
   然后缓慢回到初始位置。
2 另一侧重复相应动作。

07 拉伸小腿肌肉

步骤

1 双脚前后分开，站立位，打开胸部。

2 前腿膝盖微微弯曲，双脚脚趾向前。伸直后腿，并感觉后腿压向地面。

3 另一侧重复相应动作。

30秒

小腿三头肌

轻轻扶住稳固的桌子或椅子。

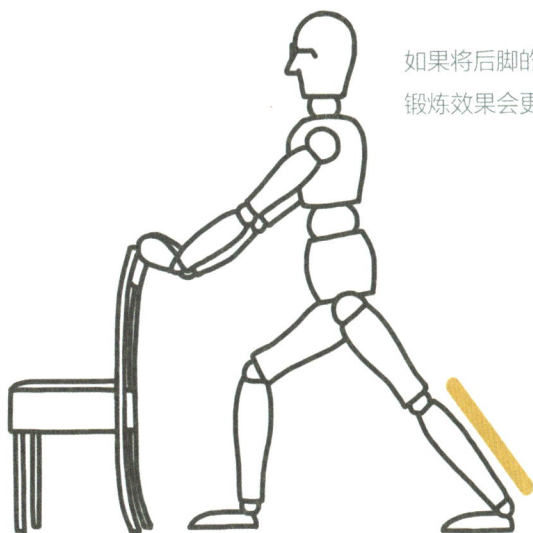

如果将后脚的脚趾稍微内收，锻炼效果会更好。

前面

← 前脚　　后脚 ↗

不要过度拉伸大腿，也不要脚跟太用力压在地板上。

08 屈膝训练

步骤

1　缓慢向上、向后抬起一只脚，并保持膝盖弯曲。

2　缓慢回到初始位置。

3　另一侧重复上述动作。

腿后肌群

30次/轮
3轮/天

轻轻扶住稳固的桌子或椅子。

不要将大腿向前伸!

如果您存在膝关节疼痛,注意活动时不要加重症状。

09 侧抬腿训练

轻轻扶住稳固的桌子或椅子。

30次/轮
3轮/天

尽可能不要晃动身体。

使用稳固的桌子或椅子。

步骤

1 双脚脚趾朝向前方站立。
2 慢慢将一只脚抬向一侧。
3 缓慢回到初始位置。
4 另一侧重复上述动作。

站立抬脚跟

10

50次/轮

3轮/天

轻轻扶住稳固的桌子或椅子。

脚趾支撑身体

步骤

1　抬起脚跟，慢慢伸展您的身体。

2　脚后跟抬起保持3秒钟，然后慢慢放下。

使用稳固的桌子或椅子。

11 后抬腿训练

轻轻扶住稳固的桌子或椅子。

50 次/轮
3 轮/天

保持身体直立，后背不要弯曲。

步骤

1 向后抬起一条腿，并保持腿伸直。
2 缓慢回到初始位置。
3 另一侧重复相应动作。

如果您存在髋关节或背部疼痛，注意活动时不要加重症状。

脚划圈训练

12

10 次/轮

3 轮/天

轻轻扶住稳固的桌子或椅子。

保持腿部伸直

尽可能尝试划一个大的圈。

步骤

1 移动一条腿，就像把脚趾放在地面上划一个圆圈一样。

2 另一侧重复上述动作。

13 全身伸展

30秒

如果您有脊椎压缩性骨折病史，请不要进行此练习。

保持身体直立，后背不要弯曲。

靠墙站立

步骤

1 站直，把背部整个靠在墙上。

2 将手举过头顶，拉伸背部。

如果您存在肩关节、背部或者脊柱疼痛，注意活动时不要加重症状。

蹲起 14

50次/轮

3轮/天

小心不要
向后跌倒。

注意不要过度
弯曲膝盖

不要让膝盖
越过脚趾。

保持站立
挺直后背

步骤

1 双脚脚趾向前站立。

2 缓慢下蹲，然后逐渐回到初始
位置。

双脚分开，与肩同宽

如果您存在膝关节或髋关
节疼痛，注意活动时不要
加重症状。

15 猴子式走路

步骤

1　微微下蹲，保持膝盖弯曲。

2　双手紧握，双臂在身体前方平举。

3　慢速走路，保持下蹲姿势、膝盖弯曲。

4　当您习惯后，可以尝试加大步伐走路。

走路训练

3分钟
10次

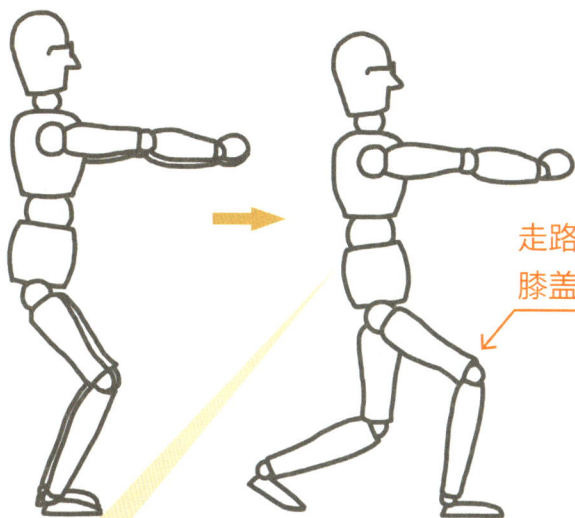

走路时，保持
膝盖弯曲

注意身体不
要前倾

如果您存在膝关节疼痛，
注意活动时不要加重症状。

"
认知
套餐"

注意事项

1 如果感到身体疼痛或压力，请停止锻炼。

2 锻炼时注意避免跌倒，应选择与自身能力相匹配的任务进行锻炼。

3 请使用稳定性强的桌椅，不要选择容易移动的物体，比如带滚轮的椅子。

4 可以选择任何您喜欢的认知锻炼任务。

5 如果可能的话，试着做一些小改变以使任务变得不同。比如，说出"水果"而不是"动物"，或者试着说出以"H"开头的词语而不是"A"。

"认知套餐"包含多种锻炼方法，可以同时锻炼大脑和身体，特别是在您最近没有进行大脑训练、担心自己变得健忘的情况下。我们提供了多种方法，建议每天选择不同的方法进行锻炼。和家人一起完成这些活动可能会增加您的动力与积极性。认知锻炼会有一点困难，如果不能完成所有的任务也不用担心。在克服困难的同时，保持乐观享受的态度可以促进大脑活动。通过努力，在日常生活中锻炼并保持大脑和身体健康。

认知套餐
——锻炼一览表

序号	伸展	平衡锻炼	肌肉训练	全身运动	认知锻炼任务	坐位	站立
1	●				计算力	●	
2	●				语言流畅度	●	
3			●		记忆力	●	
4			●		注意力	●	
5	●				计算力		●
6	●				语言流畅度		●
7	●				记忆力	●	
8	●				注意力	●	
9			●		计算力		●
10			●		语言流畅度		●
11			●		记忆力		●
12			●		注意力		●
13		●			语言流畅度		●
14			●		注意力	●	
15			●	●	注意力抑制力		●
16					注意力抑制力	●	
17				●			●

根据自身情况结合各种认知和体育锻炼，注意平衡练习中跌倒的风险。

锻炼类型
伸展大腿后侧
伸展大腿后侧
抬腿提膝运动
抬起足尖、足跟
伸展小腿肌肉
伸展小腿肌肉
伸展胸背部
伸展胸背部
弓步拉伸
弓步拉伸
弓步拉伸
弓步拉伸
全足站立训练
坐位匹配训练
立位匹配训练
双手同时完成不同的任务
散步

01 伸展大腿后侧 +
计算力锻炼

要点! ·········· • 认知功能锻炼和身体运动锻炼
同时进行。

运动锻炼

- ◆ 注意不要坐得太靠近椅子边缘，以免摔下来。
- ◆ 一侧腿伸展时身体前倾，感受大腿后侧伸展。
- ◆ 深呼吸，不要弓背，没有疼痛感地缓慢拉伸。

60秒

小心不要从椅子上摔下来！

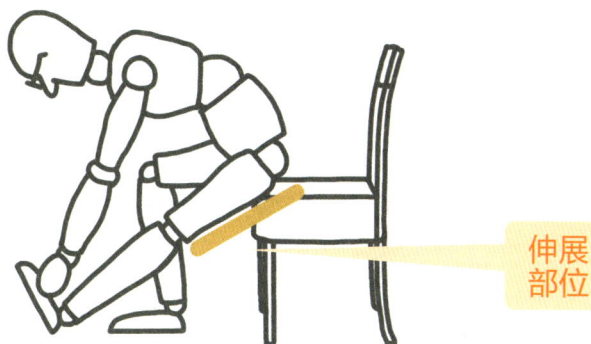

伸展部位

认知功能锻炼

计算力

▶ 从0开始，每2个数字计数一次（0，2，4……）。

▶ 从0开始，每3个数字计数一次（0，3，6……）。

▶ 从90开始倒数（90，89，88……）。习惯后，依次减去
2（90，88，86……）或3（90，87，84……）。

02

伸展大腿后侧 +
语言流畅度锻炼

要点! ‥‥‥ • 认知功能锻炼和身体运动锻炼
同时进行。

运动锻炼

- ◆ 注意不要坐得太靠近椅子边缘，以免摔下来。
- ◆ 一侧腿伸展时身体前倾，感受大腿后侧伸展。
- ◆ 深呼吸，不要弓背，没有疼痛感地缓慢拉伸。

60秒

小心不要从椅子上摔下来！

伸展部位

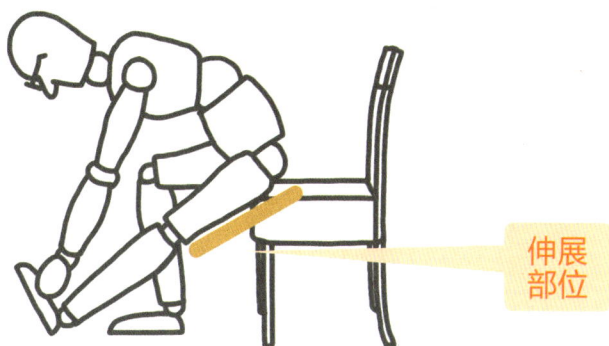

认知功能锻炼

语言流畅度

尽可能多地说出下列词语：

▶ 用于做家务的工具名称

▶ 以"H"开头的词语（如喝水）

▶ 与"春天"有关的词语（如樱花、过敏等）

▶ 与"水"有关的词语（如肥皂、浴室、威尼斯等）

03 抬腿提膝运动 + 记忆力锻炼

要点! ...... • 认知功能锻炼和身体运动锻炼同时进行。

运动锻炼

- ◆（1）抬起一条腿，保持膝盖弯曲，如黄色箭头所示，然后慢慢回到初始位置。
- ◆（2）另一条腿重复相应动作。

60秒

抬起
部位

① ⇔ ②

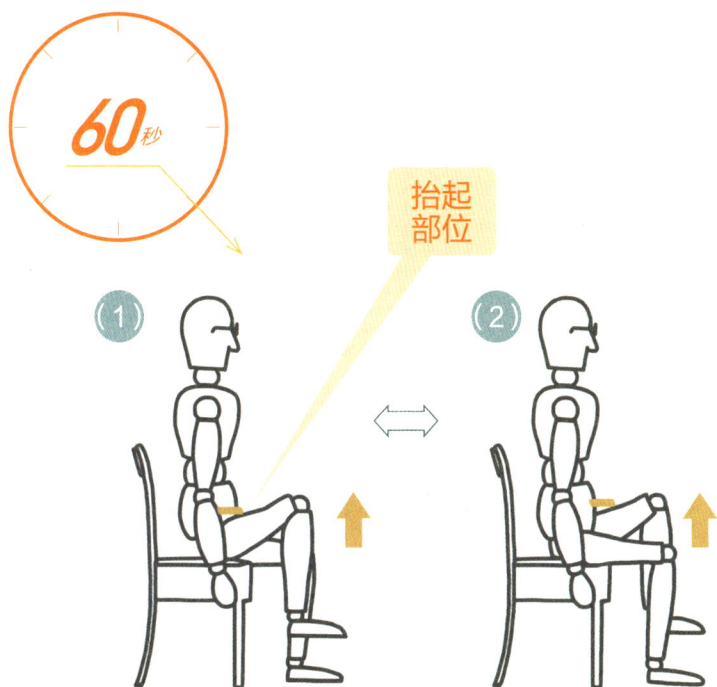

认知功能锻炼

记忆力

回想并说出：

► 您的冰箱里有什么

► 在户外散步时您看到了什么

► 所在国家的省/市/县的名称

► 昨天晚饭吃的什么

04 抬起足尖、足跟运动 + 注意力锻炼

要点! ...... • 认知功能锻炼和身体运动锻炼同时进行。

运动锻炼

- ◆（1）慢慢抬起和放下足尖。
- ◆（2）慢慢抬起和放下足跟。
- ◆ 重复上述步骤。

当您逐渐习惯了这项任务后，可以进行不同的锻炼，例如同时抬高右足跟和左足尖。

60秒

① ②

活动
部位

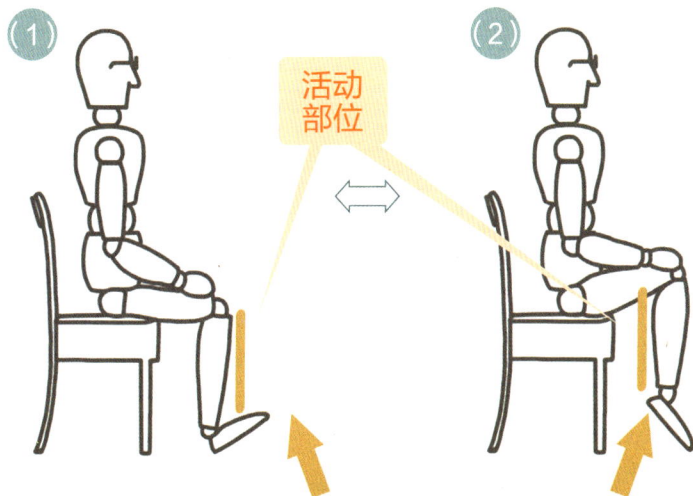

认知功能锻炼

注意力

一边环视房间一边回答:

▶ 有多少圆形的物体

▶ 有多少红色的物体

▶ 有多少绿色的物体

05 伸展小腿肌肉 + 计算力锻炼

要点! ·····

• 认知功能锻炼和身体运动锻炼同时进行。

运动锻炼

- ◆ 抓住桌子或椅子保持稳定。
- ◆ 将双脚脚趾指向前方，后脚脚趾稍微内收锻炼效果更好。
- ◆ 缓慢伸展小腿肌肉，动作轻柔，不要用力拉伸。

60秒

伸展
部位

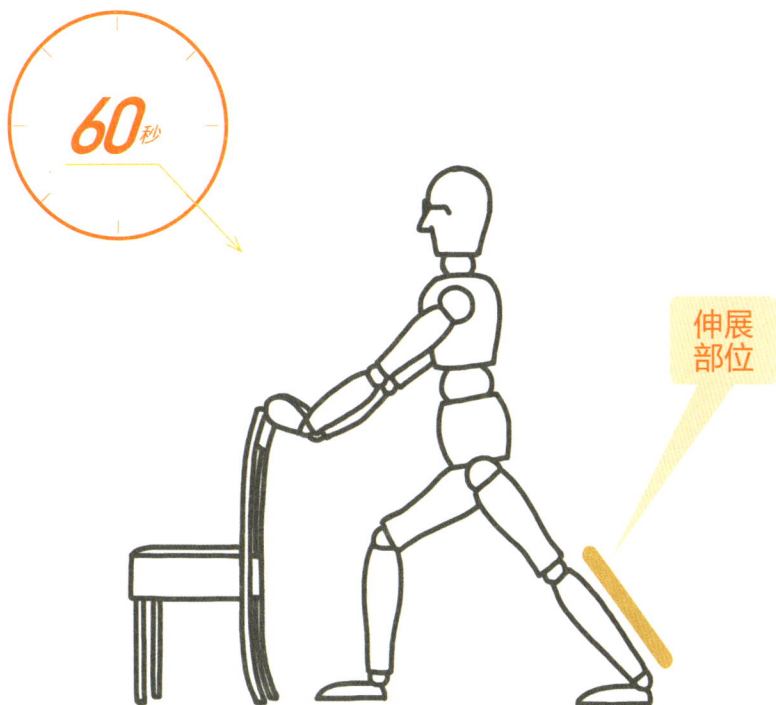

认知功能锻炼

计算力

▶ 从2开始，将数字逐一翻倍计算（2，4，8……）

▶ 从32开始，每3个数字计数一次（32，35，38……）

▶ 从200开始倒数（200，199，198……），习惯后，可
以依次减去2或3

06

伸展小腿肌肉 +
语言流畅度锻炼

要点! ......
- 认知功能锻炼和身体运动锻炼同时进行。

运动锻炼

- 抓住桌子或椅子保持稳定。
- 将双脚脚趾指向前方，后脚脚趾稍微内收锻炼效果更好。
- 缓慢伸展小腿肌肉，动作轻柔，不要用力拉伸。

60秒

伸展部位

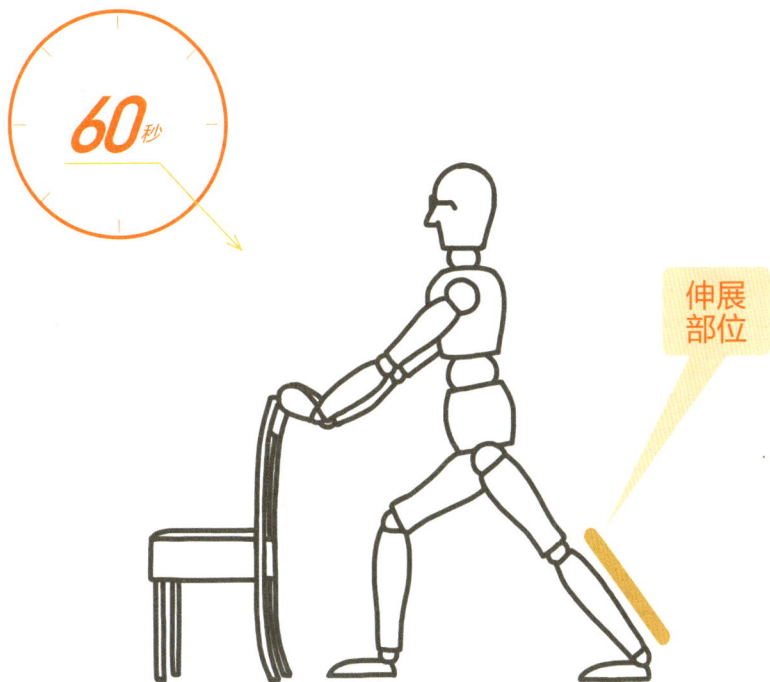

认知功能锻炼

语言流畅度

用60秒的时间尽可能多地说出同一类别的词语：

▶ 木工工具（如锯、锤子等）

▶ 三字词语（如喜洋洋、红彤彤等）

▶ 与"夏天"有关的词语（如游泳等）

▶ 花朵（如郁金香、玫瑰等）

07 伸展胸背部 +
记忆力锻炼

要点! ⋯⋯⋯ • 认知功能锻炼和身体运动锻炼
同时进行。

运动锻炼

- ◆ 双臂向外抬举,抬高胸部。
- ◆ 伸展胸背部肌肉。
- ◆ 深吸一口气,缓慢放松吐气。

60秒

伸展
部位

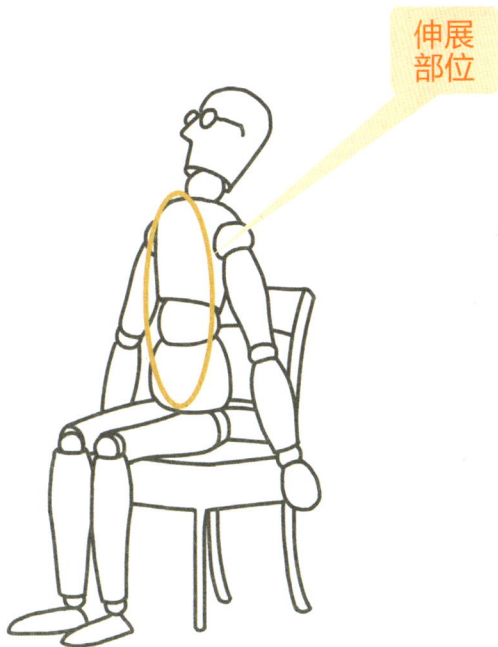

认知功能锻炼

记忆力

回想并说出：

▶ 最近的新闻

▶ 如何从您家到达最近的车站

▶ 您所居住的县市、城镇或村庄的名称

08 伸展胸背部 +
注意力锻炼

要点! .... • 认知功能锻炼和身体运动锻炼
同时进行。

运动锻炼

- ◆ 双臂向外抬举，抬高胸部。
- ◆ 伸展胸背部肌肉。
- ◆ 深吸一口气，缓慢放松吐气。

60_秒_

伸展
部位

认知功能锻炼

注意力

一边环视房间一边回答：

▶ 有多少个正方形

▶ 有多少个蓝色的物体

▶ 最重的物体是什么

▶ 最老的物件是什么

09 弓步拉伸＋
计算力锻炼

要点! ⋯⋯ • 认知功能锻炼和身体运动锻炼
同时进行。

运动锻炼

◆ 扶住桌子、椅子或者扶手以保持稳定。

◆（1）一只脚放在另一只脚的前面，保持站立。

◆（2）身体下蹲，前腿弯曲形成直角，大腿与地面近乎平
行，后脚脚跟不要接触地面。确保前膝在脚趾上方，不
要越过脚趾，身体不要向前倾斜。

60秒

注意膝盖不要超过脚趾水平。

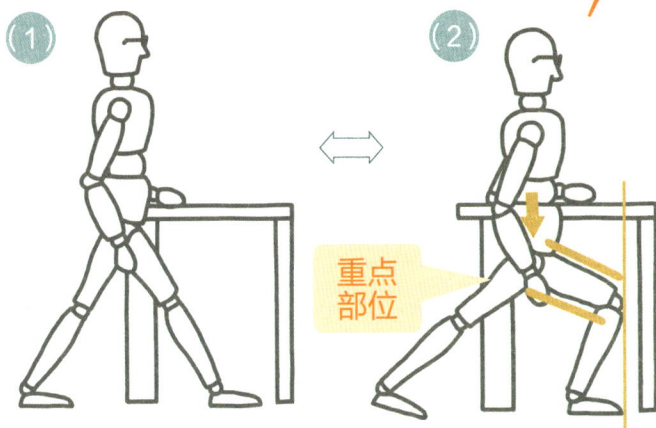

① ②

重点部位

认知功能锻炼

计算力

▶ 从2开始，每6个数字计数一次（2，8，14······）

▶ 将偶数逐一除以2，直到不能被整除（24，12，6，3）

▶ 从300开始倒数，习惯后，可以依次减去2或3

10 弓步拉伸＋
语言流畅度锻炼

要点! ……… • 认知功能锻炼和身体运动锻炼同时进行。

运动锻炼

◆ 扶住桌子、椅子或者扶手以保持稳定。

◆（1）一只脚放在另一只脚的前面，保持站立。

◆（2）身体下蹲，前腿弯曲形成直角，大腿与地面近乎平行，后脚脚跟不要接触地面。确保前膝在脚趾上方，不要越过脚趾，身体不要向前倾斜。

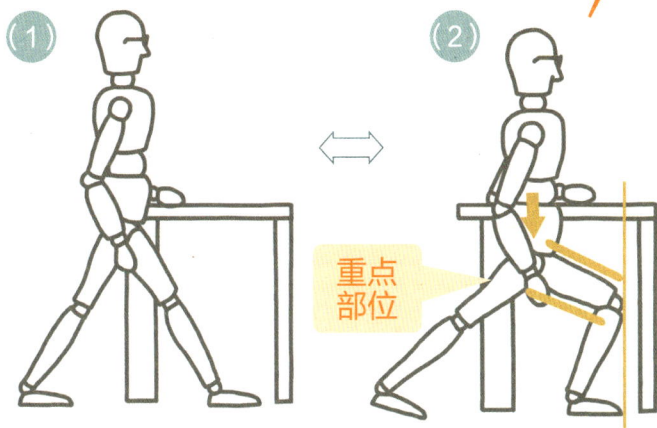

认知功能锻炼

语言流畅度

60秒时间内尽可能多地说出下列同一类别的词语：

- ▶ 调味品（如盐、糖等）
- ▶ 国家（如葡萄牙、德国、秘鲁等）
- ▶ 与"秋天"有关的词语（如落叶、十月等）

11

弓步拉伸 +
记忆力锻炼

要点! ……
- 认知功能锻炼和身体运动锻炼同时进行。

运动锻炼

- 扶住桌子、椅子或者扶手以保持稳定。
- （1）一只脚放在另一只脚的前面，保持站立。
- （2）身体下蹲，前腿弯曲形成直角，大腿与地面近乎平行，后脚脚跟不要接触地面。确保前膝在脚趾上方，不要越过脚趾，身体不要向前倾斜。

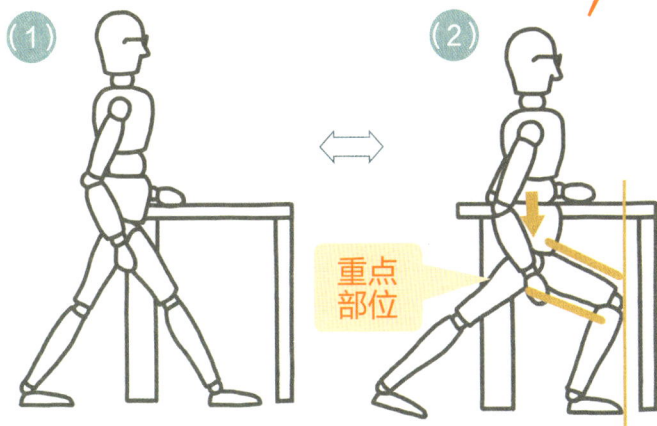

认知功能锻炼

记忆力

回想并说出：

▶ 昨天您做了什么

▶ 吃过最美味的饭菜是什么

▶ 最喜爱的歌曲及演唱该歌曲的歌手名字

12 弓步拉伸 +
注意力锻炼

要点! ⋯⋯ • 认知功能锻炼和身体运动锻炼
同时进行。

运动锻炼

- ◆ 扶住桌子、椅子或者扶手以保持稳定。
- ◆（1）一只脚放在另一只脚的前面，保持站立。
- ◆（2）身体下蹲，前腿弯曲形成直角，大腿与地面近乎平
  行，后脚脚跟不要接触地面。确保前膝在脚趾上方，不
  要越过脚趾，身体不要向前倾斜。

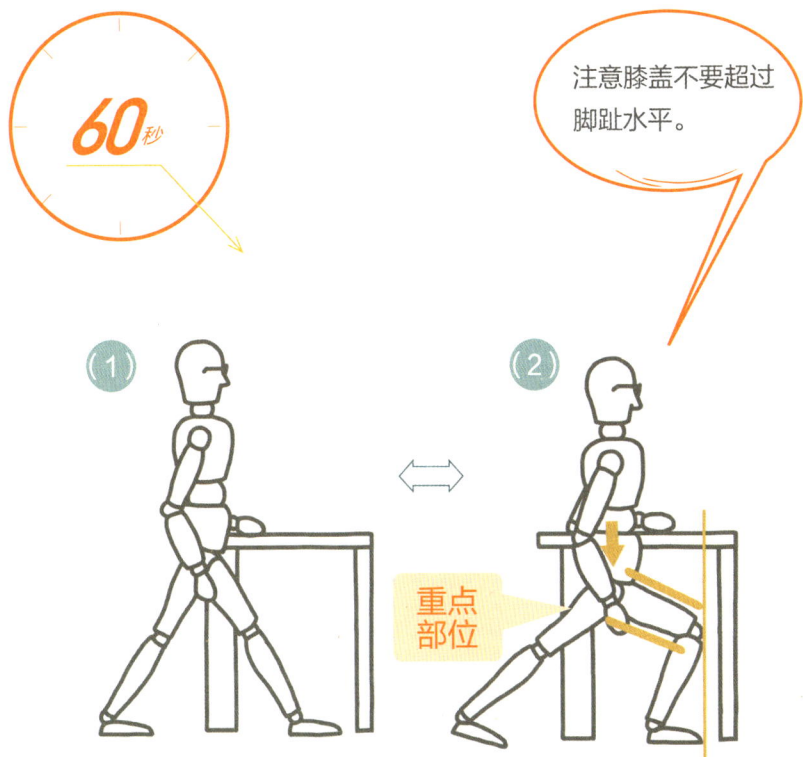

注意膝盖不要超过脚趾水平。

60秒

① ⇔ ②

重点部位

认知功能锻炼

注意力

一边环视房间一边回答：

▶ 有什么需要打扫的吗

▶ 房间里有让你怀旧的东西吗

▶ 墙上有划痕吗

13 全足站立训练 +
语言流畅度锻炼

要点! ...... • 认知功能锻炼和身体运动锻炼
同时进行。

运动锻炼

- ◆ 轻轻扶住稳定性强的桌子和椅子。
- ◆ 如果觉得将失去平衡，就把您的着力点放在腿上，让身体靠在桌子或椅子上。
- ◆ 后脚的脚趾紧贴前脚的脚跟，站在一条直线上。
- ◆ 保持该姿势20秒钟，然后更换前后腿，重复该动作。

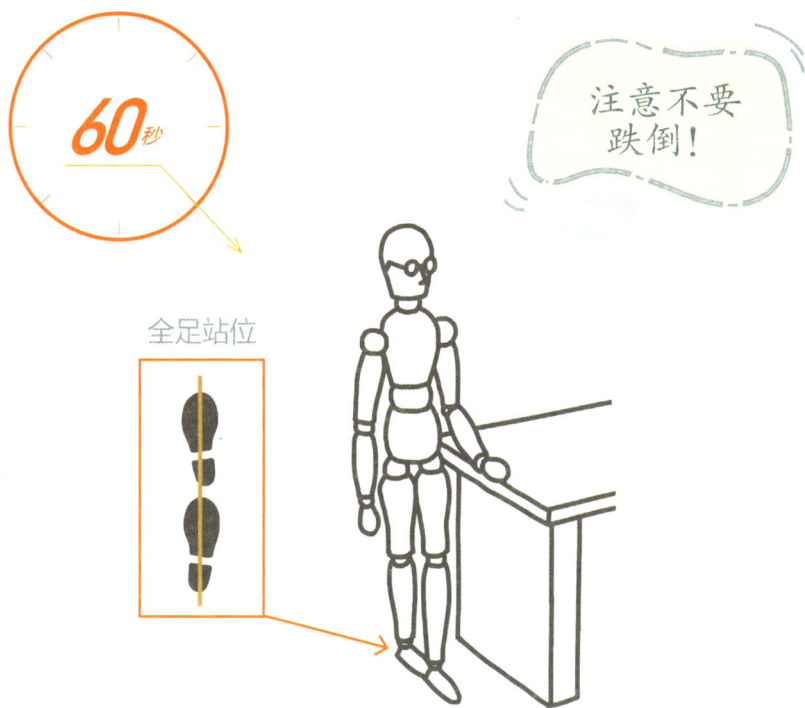

60秒

注意不要
跌倒！

全足站位

认知功能锻炼

语言流畅度

60秒时间内尽可能多地说出下列同一类别的词语：

▶ 颜色（如红色、蓝色等）

▶ 四字词语（如持之以恒、平易近人等）

▶ 与"冬天"有关的词语（如雪花、寒冷等）

▶ 乐器（如钢琴、小提琴等）

14 坐位匹配训练 ＋ 认知功能锻炼

坐位踏步，并在数到
3的倍数时拍手。

要点！

- 根据您数数的节奏跺脚，并在数到3的倍数时拍手（3，6，9……），一直数到"30"。
- 习惯后，可以将拍手改为双手相握，或者在4或5的倍数时拍手。

1

2

3

拍手

进阶练习

坐位踏步，并在数到3的倍数时拍手，但此时不要大声说出数字。

要点! ⋯⋯

- 根据您数数的节奏跺脚，并在数到3的倍数时拍手（3，6，9⋯⋯），但拍手时不要大声说出那个数字，一直数到"30"。
- 习惯后，可以将拍手改为双手相握，或者在数到4或5的倍数时拍手。

此时不要大声数出来!

1

2

3

拍手

15 立位匹配训练 + 认知功能锻炼

根据数数的节奏踏步，
数到4的倍数时拍手。

要点!

- 根据您数数的节奏踏步，并在数到4的倍数时拍手，一直数到"30"。
- 习惯后，可以试着在数到3或5的倍数时拍手。

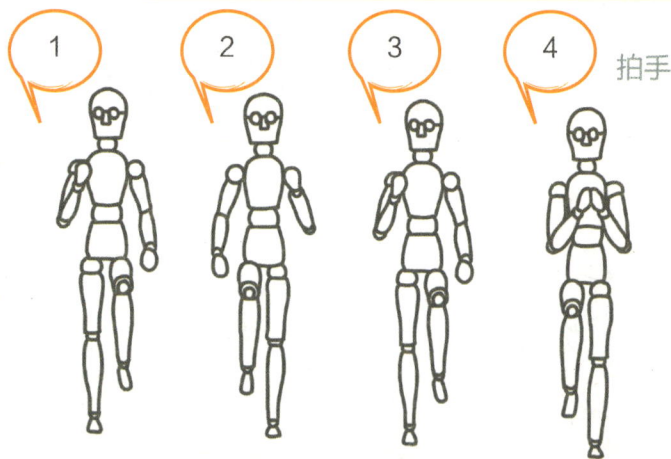

1 2 3 4 拍手

如果您的步速变慢或之前跌倒过，不要做这项运动。

进阶练习

根据数数的节奏踏步，数到4的倍数时拍手，但此时不要大声说出数字。

要点! ……

- 根据您数数的节奏踏步，并在数到4的倍数时拍手，但拍手时不要大声说出那个数字，一直数到"30"。
- 习惯后，可以试着在数到3或5的倍数时拍手。

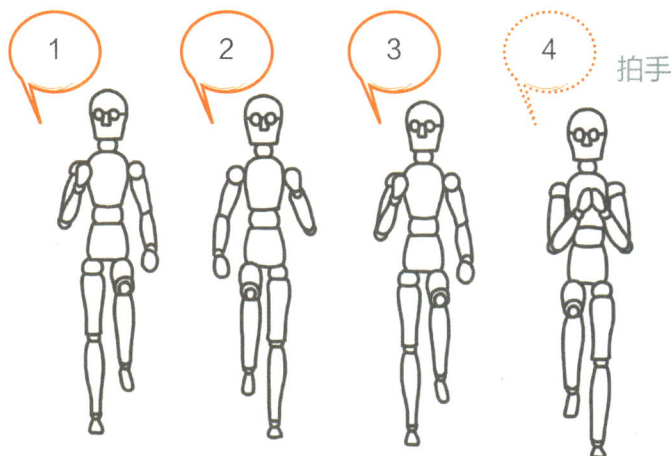

1　2　3　4　拍手

此时不要大声数出来！

如果您的步速变慢或之前跌倒过，不要做这项运动。

16 双手同时完成不同的任务

一起来画形状

任务 1

左右手同时画相同的形状（圆形、三角形、正方形等）。

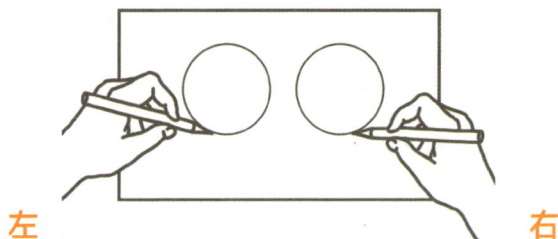

左　　　　　　　　　右

任务 2

左右手同时画不同的形状（右手画正方形，左手画圆形）。

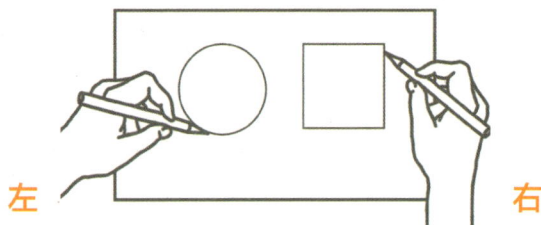

左　　　　　　　　　右

一起来写字母

任务 3

左右手同时写相同的字母。

左　　　　　右

任务 4

左右手同时写不同的字母（如右手写E，左手写H）。

左　　　　　右

左右手同时进行不同的活动

右手重复石头、布、剪刀，左手重复石头和布。

右手

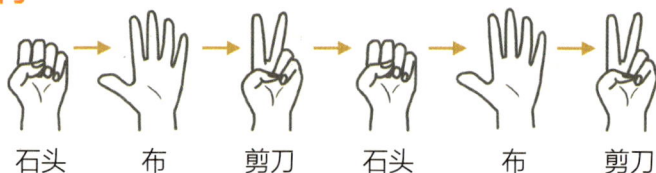

石头　　　　布　　　剪刀　　　石头　　　　布　　　剪刀

重复石头、布、剪刀

左手

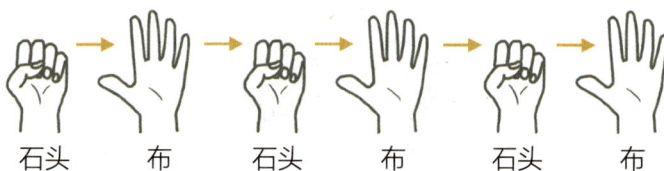

石头　　　　布　　　石头　　　　布　　　石头　　　　布

重复石头、布

习惯后，您可以进行左右手动作的交换，即用左手重复石头、布、剪刀，右手重复石头和布。

任务 7

左手重复石头、剪刀、布，右手同时做出相应可以**胜过左手**的动作。

左手

石头   剪刀   布   ……重复

右手胜

布   石头   剪刀   ……重复

任务 8

当您可以顺利完成任务7后，试着右手同时做出相应**输给左手**的手势动作。

左手

石头   剪刀   布   ……重复

右手败

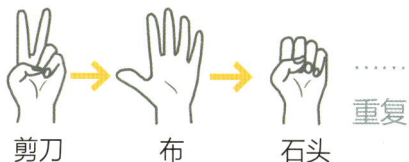

剪刀   布   石头   ……重复

＊当您可以顺利完成上述任务后，试着交换左右手的动作再做一下。

17 散步

避免在人群密集的场所散步，保持社交距离。

注意事项

戴上口罩。在炎热的天气下戴口罩容易中暑，如果与行人有一定安全距离，可以摘下口罩。

- 在阳光充足的情况下，散步20~30分钟。

- 在散步前后及期间，保持身体充足水分。

- 步速以"恰到好处"至"有点快"为宜。

- 穿舒适的鞋子，鞋底防滑、稳定。

- 如果您想锻炼腿部肌肉，可以加大步伐，但小心不要跌倒。

回家后不要忘记洗手和漱口。

如果您存在膝关节或腰背痛，或者害怕跌倒，可以使用辅助工具（如拐杖等），以自己的速度安全地散步。

在这款认知套餐包中，我们介绍了双重锻炼方式，比如同时进行身体运动和认知功能锻炼以促进身心健康。日本国家老年医学中心还制定了一套名为"认知运动（Cognicise）"的体育运动及认知功能锻炼课程以预防老年痴呆症。

关于"认知运动（Cognicise）"的细节，请参考下面的网址。

https://www.ncgg.go.jp/kenshu/kenshu/27-4.html